말만 들어도
힘이 나네요

live your dreams!

whatever they may be...

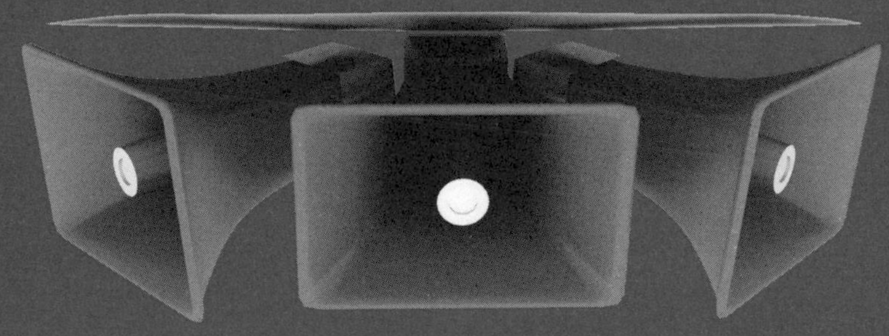

말만 들어도 힘이 나네요

• 이남훈 지음 •

동기부여의 핵심, 칭찬!
무엇을, 어떻게 칭찬해야 할까

동기부여는 일정한 공식을 갖고 있다. 그중 가장 기본이 되는 것이 바로 '칭찬'이다.

칭찬이 빠진 동기부여는 '맥 빠진 응원'과 다를 바 없다. 똑같은 구호, 똑같은 데시벨의 함성을 지른다고 해서 모두 똑같은 효과를 내는 것은 아니기 때문이다. 우리 팀이 이겼으면 하는 솟구치는 열정과 진심이 있어야만 응원은 애초 목표했던 효과를 얻을 수 있다.

동기부여 역시 마찬가지다. 칭찬이 빠진 동기부여는 막연히 구호만 외치는 것과 다를 바 없다. 이에 괴성과 다를 바 없는 형식적인 함성만 만들어낼 뿐이다.

●●● 관점의 전환 : 누군가를 변화시키려면 나 자신이 먼저 변화해야 한다

"그 사람은 정말 칭찬할 게 없다"고 말하는 사람들이 간혹 있다. 생각

건대, 그 사람에 관한 악의적인 감정이 없는 이상 그는 자신의 판단을 신뢰할 것이 틀림없다. 판단을 내리기까지 많은 시간 동안 상대를 관찰하고, 숱한 기대와 실망을 반복하면서 최종 판단을 내렸을 것이기 때문이다. 그러나 다음 두 가지 실험은 그런 사실에 의도하지 않은 오류와 편견이 어느 정도 있음을 보여준다.

두 명의 미국 심리학자가 학기 초에 담임교사에게 명단 하나를 건네주었다. 그 명단은 담임교사가 맡은 반의 '우수학생 리스트'로, 거기에는 몇몇 아이의 이름과 함께 '이 학생들은 매우 우수한 능력과 잠재력이 있다'는 검사결과가 담겨 있었다.

1년 후 아이들은 과연 어떻게 되었을까. 역시나 '우수학생 리스트'에 들었던 아이들에 관한 평가가 다른 아이들보다 좋았다. 그들은 대부분 뛰어난 성적을 올렸고, 지능지수 역시 다른 아이들보다 높았다. 그런데 놀라운 것은 1년 전에 건넸던 그 명단이 가짜였다는 것이다. 아이들의 평균성적과 지능은 거의 비슷했다.

이스라엘에서도 비슷한 실험을 한 적이 있다. 무작위로 선발된 병사들에게 '우수', '보통', '미확인'이라는 딱지를 붙인 후 다양한 훈련을 시킨 결과, '우수'라는 평가를 받은 병사는 실제로도 우수한 성적을 올렸고, '보통'이라는 평가를 받은 병사 역시 보통 결과를 낳았다.

두 실험은 가르치는 사람의 생각과 판단이 얼마나 큰 영향을 미치는지 보여주고 있다. 가르치는 사람이 '이 친구는 우수한 학생(병사)'이라고 생각하고 가르치는 것과 그렇지 않은 것 사이에 의도하지 않은 큰 격차가 생기는 것이다.

"그 친구는 정말 칭찬할 게 없다"는 말에 오류가 있을 가능성 역시 바로 여기서 비롯된다.

'정말 칭찬할 게 없는 사람'이라는 딱지를 붙이면 두 사람의 관계가 더는 발전하지 못한다. 그뿐만 아니라 상대는 정말로 '칭찬할 것이 없는 결과물'만 만들어내게 된다. 반대로 아무리 평범한 사람이라도 '이 사람은 칭찬할 게 정말 많다'고 생각하면 그 결과 역시 크게 달라진다. 그 어떤 비범함도 보이지 못했던 평범한 학생과 무작위로 뽑힌 병사가 자신을 바라보는 시선에 따라 전혀 다른 결과물을 산출했던 것처럼 말이다.

이제 칭찬에 접근하는 방식 자체를 바꿔야 한다. 비록 칭찬할 것이 없는 사람이라도 '칭찬할 것이 있는 사람'이라고 생각해야 한다. 회사에서도, 가정에서도 마찬가지다. 애초부터 상사가 부하들을 '능력 없는 사람, 칭찬할 거리가 없는 직원'이라고 생각하면 그 사람은 정말로 무능력한 사람이 되고 만다. 마찬가지로 '내 아이는 왜 다른 아이들보다 못하지'라는 생각 자체가 아이를 열등한 존재로 만든다.

이렇듯 칭찬으로 상대를 변화시키려면 나 자신이 먼저 변화해야 한다.

상대를 바라보는 시선을 달리하고, 그들을 바라보는 관점을 바꿔야 하는 것이다. 그렇지 않으면 상대 역시 절대 바뀌지 않는다.

칭찬의 놀라운 효과가 알려지면서 적지 않은 사람이 '칭찬이 모든 것을 해결하는 만능열쇠'라고 생각하곤 한다. 하지만 수많은 실험결과는 그것이 사실이 아님을 증명하고 있다.

네덜란드 라이덴대학 발달심리학자인 에블린 크론Evelyn Crone 박사팀이 〈신경과학저널The Journal of Neuroscience〉에 발표한 논문에 따르면, 초등학교 2~3학년 아이들의 경우 칭찬을 받을 때 인지 능력을 담당하는 뇌 부위가 매우 활발하게 반응했지만, 5~6학년 아이들은 꾸중을 당할 때 더 강한 반응을 보였다. 이는 나이에 따라서 칭찬과 꾸중이 주는 동기부여의 힘이 다르다는 사실을 보여준다.

세계적인 심리학자 캐롤 드웩Carol Dweck 교수 역시 '지적 능력에 관한 칭찬'이 오히려 역효과를 낳을 수 있다고 주장한 바 있다. 과도한 칭찬은 현상 유지에 대한 열망을 낳을 뿐만 아니라 더는 노력하지 않는 자세를 불러올 수 있다는 것이다. 그 결과, 수준에 맞지 않은 과도한 칭찬을 받은 사람은 성과를 유지하기 위해 간혹 탈법적이고 비정상적인 방법에 의존하게 된다.

이렇듯 칭찬은 '양날의 칼'이다. 적당할 때는 더없이 좋은 약이 될 수 있지만, 지나칠 경우 오만과 독선에 빠지게 할 수 있기 때문이다. 문제는 칭찬의 '적당한' 선이 과연 어느 정도인지 판단할 수 없다는 것이다. 지표로 측정할 수도 없을 뿐만 아니라 데이터로 산출하기도 힘들기 때문이다. 그렇다면 이 문제를 과연 어떻게 해결해야 할까.

칭찬의 대상을 바꿀 필요가 있다. 예컨대, '지적 능력'이 아닌 '지적 능력을 발휘하기 위해 펼치는 노력'을 칭찬하는 것이다.

'지적 능력 자체'를 과도하게 칭찬하면 오만과 독선으로 연결될 가능성이 매우 높다. 하지만 '지적 능력을 위해 펼치는 노력'에 관한 칭찬은 아무리 지나쳐도 상관없다. 그 때문에 과연 어느 정도의 칭찬이 적당할지 더는 고민할 필요가 없다.

●●● 태도의 전환 : 관찰이야말로 칭찬의 시작이자 끝

사람들은 전화하는 동안 어떤 단어를 가장 많이 사용할까. 뉴욕 전화국이 이를 조사한 적이 있다. 그 결과, 사람들이 가장 많이 쓰는 단어는

바로 '나'였다. 500통의 전화에서 무려 3,900번이나 '나'라는 말을 사용하였다. 한번 통화할 때마다 7~8회쯤 사용한 셈이다. 그만큼 사람들은 자신의 의지와 상황, 욕구를 누군가에게 알리고 싶어 한다. 이는 동기부여에도 그대로 적용된다.

동기부여를 위한 칭찬을 효과적으로 사용하려면 우선 상대를 잘 알아야 한다. 그러자면 상대의 의지, 욕구, 상황을 면밀하게 관찰할 필요가 있다. 관찰이 전제되지 않는 칭찬은 벽을 보고 이야기하는 것과 같기 때문이다. 관찰을 잘해야만 칭찬 주제는 물론 칭찬 방법, 상대의 능력, 나아가 어떤 동기부여를 끌어낼지 결정할 수 있다. 그 때문에 관찰이야말로 칭찬의 시작이자 끝이라고 할 수 있다.

그렇다면 어떻게 하면 상대의 기분을 상하게 하지 않고 관찰을 잘할 수 있을까. 다음 6가지 변화는 상대의 흥미를 끌어낼 수 있는 매우 효과적인 방법이다. 이를 이용해 상대의 열정을 끌어내고 효과적인 동기부여를 할 수 있다.

▶ 외형적인 변화 : 말 · 어투 · 표정 · 제스처 · 옷 · 외모 등

▶ 마인드 변화 : 도전적인 자세 · 긍정적인 마음 · 열정 · 불평불만 등

▶ 방법의 변화 : 기존 방법을 그대로 고수하는지, 아니면 새로운 방법을
  실천하는지 등

▶ 노력의 변화 : 어느 정도의 시간과 열정을 투여하는지 등

▶ 시간의 변화 : 정해진 시간을 준수하는지 등

▶ 습관의 변화 : 생활 습관 · 음주 · 흡연 · 업무 습관 등

옳은 말이라도 끝까지 듣기 싫은 말이 있는가 하면, 우스개 삼아 건성으로 이야기하는 것 같아도 가슴에 꽂히며 마음을 뒤흔드는 말도 있다. 이 두 가지의 차이를 결정하는 것이 바로 '설득의 정도'와 '동기부여의 강도'다.

설득과 동기부여에 관한 인식이 없는 사람은 늘 '막히는 말', 즉 '자기가 하고 싶은 말'만 한다. 그 결과, 아무리 말을 많이 해도 의도했던 애초의 목적을 달성할 수 없다. 타인의 심리와 감정, 상황을 전혀 고려하지 않기 때문이다. 그러니 이는 말이 아닌 소음에 불과하며, 듣는 사람의 화만 돋을 뿐이다. 반면, 설득의 핵심과 동기부여의 중요성을 아는 사람은 늘 '통하는 말', 즉 '상대가 듣고 싶은 말'을 한다. 그들은 상대의 심리 중에서도 가장 빠르게 반응이 오는 '정곡'을 찌른다. 또한, 상대가 변화의 열정과 의지를 뿜어낼 수 있는 핵심을 건드리며 대화를 리드해 나간다. 그 결과, 적은 말로도 충분히 상대를 움직일 뿐만 아니라 마음마저 사로잡는다.

막히는 말만 하는 사람이 될 것인가, 통하는 말을 하는 사람이 될 것인가? 무엇을 선택해야 할지는 자명하다.

동기부여의 6가지 핵심원리, VTAAPT
View · Target · Area · Attitude · Point · Time

현재 동기부여가 필요한 사람은 '지금까지 동기부여가 되지 않은 사람'이라고 할 수 있다. 이미 동기부여가 잘 되어 있는 사람에게는 그것을 잘 이루기 위한 최적의 조건을 유지하는 일이 필요할 뿐이다. 문제의 핵심은 '지금까지 동기부여가 되지 않은 사람', 즉 타성과 좋지 않은 습관에 젖어 있던 사람을 '어떻게 일으켜 세워' 새로운 출발점 앞에 세울 것이며, '어떤 말을 통해서' 그들에게 다시 시작할 수 있는 용기를 불어넣느냐이다. 그 때문에 그들을 설득하려면 그들 못지않은 끈기와 인내심, 열정이 필요하다.

그러자면 먼저, 상대에 관한 관점을 바꿔야 한다. 예컨대, 상사가 특정인을 일컬어 '아무리 설명하고 명령해도 잘 듣지 않는 사람'이라고 생각을 굳혀버리면 그에 관한 동기부여는 요원할 수밖에 없다. 학교 선생님 역시 마찬가지다. '아무리 말해줘도 소용없고, 머리도 안 되는 학생'이라는 판단을 내려 버리면 선생님 스스로가 새로운 동기부여 방법을 찾는 데 있어 어려움을 겪을 수밖에 없다. 따라서 추상적이고 애매한 생각이 아닌 더욱 구체적이고 새로운 차원에서 동기부여를 재검토할 필요가 있다. 이러한 과정을 통해 기존에 없던 창의적인 시각을 확보할 수 있을 뿐만 아니라 상대에 관해 지금까지와는 다른 인식을 할 수 있기 때문이다.

View ●●● **잘하는 사람이 아닌 못하는 사람의 가능성에 주목하라!**

관점을 바꿔라. 관점을 바꾸면 동기부여 영역이 훨씬 더 확장된다. '칭찬'을 통한 동기부여를 예로 들어보자. 아이가 시험에서 100점을 맞으면 어떤 부모라도 칭찬을 한다. 하지만 그것이 전부다. 관점을 바꾸지 않는 한 30점 맞은 아이를 칭찬할 수 없기 때문이다. 아니, 오히려 혼이 나야 하는 아이가 된다. 하지만 칭찬을 통한 동기부여가 절실한 아이는 100점을 맞은 아이가 아니라 30점을 맞은 아이다.

직장생활에서도 비슷한 예는 얼마든지 있다. 기획실에 근무하면 당연히 '기획'을 잘해야 한다. 그런데 정작 동기부여가 필요한 사람은 기획을 잘하는 사람이 아니라 기획을 못 하는 사람들이다. 문제는 그런 사람들을 바라보는 관점이다. 그런 사람들은 '기획을 못 하는 사람'이 아니라

'기획보다 다른 것을 더 잘하는 사람'이라는 관점으로 바라봐야 한다. 그래야만 '그렇다면 저 사람은 무엇을 잘할 수 있을까?'라는 의문 속에서 동기부여의 새로운 방법을 찾을 수 있기 때문이다.

동기부여가 필요한 사람은 현재 잘하고 있는 사람이 아니라 실패하고 지지부진한 상황에서 헤어 나오지 못하는 사람이다. 이를 반드시 기억해야 한다. 또한, 못하는 것을 보지 말고 잘할 수 있는 것을 보고, 지금 드러나는 모습이 아닌 그가 가진 가능성에 주목해야 한다.

Target ●●● 때로는 이성이 아닌 본능을 자극하라!

때로는 한 장의 사진이 수많은 말보다 깊은 감동을 전할 때가 있다. 사진은 많은 것을 설명하지 않으며 논리적이지도 않다. 그런데도 우리 생각과 마음을 움직이는 큰 힘을 갖고 있다.

동기부여 역시 마찬가지다. 논리적으로 조목조목 따져서 설명하고 이해시킨다고 해서 모든 사람이 반드시 변하는 것은 아니다. 그 때문에 어떤 면에서는 '이성'이 아닌 '본능'을 자극하는 게 더욱 효과적일 수 있다.

사람은 누구나 본능적인 욕구가 있다. 타인보다 좀 더 우월해지고 싶은 욕구, 주목받고 싶고 인정받고 싶은 욕구, 사랑받고 싶은 욕구가 바로 그것이다. 그것을 자극하면 이성과 논리를 뛰어넘는 동기부여가 가능하다. 그 대표적인 예가 바로 광고다. 상품에 관해 친절하고 자세하게 설명하는 광고도 있긴 하지만, 대부분 광고는 그 상품을 소비함으로써 변하게 될 소비자의 이미지를 제시하고, 그것을 통해 타인과 어떻게 차별화되는지를 말할 뿐이다. 이성과 논리보다는 심리적인 본능에 호소하는 것이다. 따라서 아무리 설득하고 이해시켜도 움직이지 않는 사람은 이성이 아닌 본능을 자극할 필요가 있다.

Area ●●● 어설픈 표정과 제스처보다는 진심으로 공감하라!

동기부여는 사람을 움직이게 하는 일이다. 문제는 단순히 몇 마디 말만으로는 사람을 움직이는 게 쉽지도 않을뿐더러 매우 복잡한 단계를 거쳐야 한다는 것이다. '공감'이라는 과정 역시 필요하다. 예컨대, 동기부여를 한답시고 무뚝뚝한 얼굴로 "자, 이렇게 하면 당신은 지금의 실패를 딛고 성공할 수 있습니다"라고 말할 수 있다. 반대로 상대의 아픔과 좌절에 공감하는 표정과 절실한 마음가짐, 진심으로 상대가 일어서기를 바라는 표정으로 이야기할 수도 있다. 과연, 이 둘의 결과에는 어떤 차이가 있을까.

상대방, 심지어 어린아이조차도 자기에게 말하는 사람이 어떤 감정 상태이며, 자기에게 어느 정도 호의를 가졌는지 안다. 따라서 '아이큐 100을 넘나드는 지능'과 '수십 가지 상황을 종합적으로 고려하는 복잡한 심리'를 가진 인간을 그저 무뚝뚝한 표정과 어설픈 제스처로 움직일 수 있다고 생각해선 안 된다.

동기부여는 1에다 1을 더하는 수학도 아니고, 수소 원자 2개와 산소 원자 1개를 결합해서 물을 만드는 화학식도 아니다. 이성과 감성 그리고 다양한 상황이 복잡하게 얽힌 '종합예술'에 가깝기 때문이다.

이 모든 것을 한꺼번에 해결하려면 진심으로 상대에게 '공감'해야 한다. 그것이 깊을수록 상대의 동기유발 역시 더욱 심층적으로 이뤄지기 때문이다. 나아가 상대의 상황과 처지에 공감할 수만 있다면 억지로 간절한 표정을 지을 필요도 없고, 무리해서 오버할 필요도 없다.

Attitude ●●● 작은 뉘앙스 하나가 사람 마음을 움직인다!

동기부여란 '현재 잘하고 있는 사람'과 '현재 못 하는 사람' 사이의 의사소통이라고 할 수 있다. 그런 점에서 볼 때 '현재 못 하는 사람들' 사이의 의사소통은 동기부여라기보다는 하소연이나 투덜거림에 더 가깝다.

중요한 것은 그들 사이에도 엄연히 격차가 존재하며, 각자가 처한 상황이 다르다는 것이다. 그러므로 애초에 효과적인 동기부여를 기대할 순 없다.

그렇다면 현재 잘하고 있는 사람과 못 하는 사람 사이의 의사소통은 과연 어떨까. 잘하고 있는 사람의 태도에 따라 그 효과가 다르다. 만일 현재 잘하고 있는 사람이 한껏 거드름을 피우거나 잘난 척하며 말할 경우 비아냥거림으로 들리기 때문이다. 그러므로 동기 역시 저하할 수밖에 없다. 역효과가 발생하는 것이다. 따라서 동기부여는 반드시 겸손한 마음으로 해야 한다. 말에 있어서 작은 뉘앙스 하나가 동기부여 효과를 결정하기 때문이다.

Point ●●● 동기부여를 통해 얻을 수 있는 실질적인 이익을 제시하라!

동기부여의 궁극적인 목표는 '실질적인 이득'이다. 그것이 경제적인 것이건, 정신적인 가치건 간에 미래에 얻을 수 있는 이득 때문에 동기부여가 필요한 것이다. 또한, 이런 이득이 있어야만 당사자 역시 동기유발의 필요성을 절감한다. 따라서 동기부여 할 때는 그것으로 인해 상대가 얻을 수 있는 실질적인 이익을 제시해야 한다. 상세하고 구체적일수록 좋다. 예컨대, 대리 직급인 사람에게 과장 승진을 꿈꾸게 하고, 연봉 3천만 원을 받는 사람에게 5천만 원을 받을 수 있는 구체적인 이야기를 해주는 것이다. 그래야만 상대는 동기부여로 인한 실천이 자신에게 어떤 변화를 줄지 상상하게 되고, 더욱 빨리 꿈에 다가가고 싶은 희망을 품게 된다.

Time ●●● 막연한 미래가 아닌 성공 경험을 통해 희망을 품게 하라!

동기가 저하된 사람들의 공통점 중 하나는 미래에 관한 희망이 없다는 것이다. 그러므로 그들에게 동기부여 한답시고 "미래에 관한 희망을 품으세요"고 말해봤자 100% 실패하기에 십상이다. 그들은 이미 어떤 방식으로든 '희망이 없다'라고 스스로 판단해버렸기 때문이다.

그런 그들을 움직이게 하기란 절대 쉽지 않다. 그렇다면 그들에게는 과연 어떤 방법을 사용하는 것이 효과적일까.

'미래'가 아닌 '과거'로 눈을 돌려야 한다. 사실 "희망이 있을 거예요"라고 말하는 사람조차도 미래에 희망이 있을지 없을지 알 수 없다. 따라서 미래가 아닌 과거에서 희망을 찾게 해야 한다. '과거의 성공 경험'을 떠올리게 함으로써 미래에 관한 희망의 끈을 놓지 않게 하는 것이다.

"미래에 희망이 있어요"라는 막연한 말보다는 "이전에도 충분히 해냈으니 앞으로도 틀림없이 희망이 있을 거야"라는 말이 훨씬 더 강한 동기 부여가 될 수 있기 때문이다.

CONTENTS

사람들은 동기부여가 오래가지 않는다고 말한다. 목욕 역시 마찬가지다. 그래서 매일 하라고 하는 것이다.

● ● ● **지그 지글러**^{Zig Ziglar}, **미국 작가 · 성공학 강사**

●●● 칭찬도 자주 듣다 보면 내성이 생기기 마련이다. 예컨대, 자신이 맡은 프로젝트에 항상 성공하는 사람은 "이번에도 성공했군요. 정말 잘했어요"라는 칭찬에 크게 감동하지 않는다. 그런 사람들에게 그와 같은 칭찬은 더는 칭찬이 아닌 일상적인 표현에 불과하기 때문이다. 이럴 때는 우회적인 방법을 사용해야 한다. 예컨대, 항상 프레젠테이션에 성공하는 사람에게는 프레젠테이션 자체보다는 그와 관련된 사소하고 작은 일이나 습관을 끄집어내어 칭찬하면 의외로 강한 임팩트를 남길 수 있다.

어떻게 말하면
강한 임팩트를 줄 수 있을까

"제스처 하나하나가 분위기랑 딱 맞아 떨어지던데!"
"안경 언제 바꾸셨어요? 훨씬 샤프해 보이는데요."

'강한 임팩트'를 지닌 호감을 표현하려면 과연 어떻게 해야 할까. 지금까지 전혀 들어 보지 못한 '의외의 칭찬'을 하는 것이 좋다.

칭찬도 자주 듣다 보면 내성이 생기기 마련이다. 예컨대, 자신이 맡은 프로젝트에 항상 성공하는 사람은 "이번에도 성공했군요. 정말 잘했어요"라는 칭찬에 크게 감동하지 않는다. 잦은 칭찬에 면역이 되었을 뿐만 아니라 성공을 당연한 것으로 생각하기 때문이다.

그런 사람들에게 그와 같은 칭찬은 더는 칭찬이 아닌 일상적인 표현에 불과하다. 그러니 호감 역시 더는 끌어낼 수 없다. 상대가 매사에 자신만만하고 긍정적이며 사회적으로 어느 정도 기반을 잡은 사람이라면 더욱 그렇다.

이럴 때는 우회적인 방법을 사용해야 한다. 예컨대, 항상 프레젠테이션에 성공하는 사람에게 "자네는 프레젠테이션을 참 잘해!"라는 칭찬은 더는 아무런 의미가 없다. 따라서 프레젠테이션 자체보다는 프레젠테이션과 관련된 사소하고 작은 일이나 습관을 끄집어내어 칭찬하면 의외로 강한 임팩트를 남길 수 있다.

"제스처 하나하나가 분위기랑 딱 맞아 떨어지던데!"
"그때 잠깐 긴장하는 것 같던데, 금방 상황을 만회하더군. 위기 대처 능력
이 정말 뛰어나단 말이야."

이처럼 상대의 새로운 면을 끄집어내어 칭찬하면 더욱 신선한 느낌이 들어 적극적으로 반응하게 된다. 중요한 것은 그것을 '구체적으로' 말해야 한다는 것이다. 그렇지 않으면 상대의 호감을 얻기 위한 잔꾀에 지나지 않기 때문이다.

형사들에 의하면 "알리바이를 구체적으로 대는 사람은 의심하기가 쉽지 않다"고 한다. 그 말이 객관적으로 맞는지는 검증을 해봐야 하지만, 일단은 신뢰가 간다는 것이다. 이런 방법은 칭찬에서도 분명 유용한 방법이 아닐 수 없다.

의외성을 활용하는 또 다른 방법은 '일반적으로 특정 위치에 있는 사람에게 기대하는 것'을 배반하는 것이다. 예컨대, 장남이나 장녀에게는 '어른스럽다'는 평가를 하는 경우가 많고, 막내에게는 '여려 보인다'는 표현을 사용하는 경우가 많다. 또한, 회사에서는 직급이 올라갈수록 책임감이 강해질 뿐만 아니라 냉철한 성향을 갖게 된다. 이것이 바로 우리

가 '일반적으로 특정 위치에 있는 사람에게 기대하는 것'이다. 이런 사람들에게 그와 같은 당연한 것을 이야기한다고 생각해보라. 의외성이 현저하게 떨어질 수밖에 없다. 따라서 일반적으로 유추되는 것을 넘어서서 상대가 가진 정반대의 모습을 간파하는 것이 필요하다. 예를 들면, 다음과 같은 것이다.

●●● 막내에게

"자네는 생각보다 참 어른스럽고 마음도 깊은 것 같아. 보통 막내들하고는 좀 달라 보여."

●●● 장남이나 장녀에게

"세심하게 주위 사람들을 잘 보살피는 것 같은데, 어떤 때는 여린 모습도 엿보여. 감정과 정서가 풍부해서 그런 것 아니겠어?"

●●● 상사에게

"부장님은 의외로 인간적인 매력이 많아요. 부하들을 대할 때도 꼭 사회적 관계 속에서만 대하지 않고, 마치 오빠나 형님처럼 보살펴 주시는 게 참 좋아요."

이는 상대가 가진 인간적인 면을 부각하는 것이다. 이 방법을 외모에 관한 칭찬에 응용해보자.

외모의 의외성을 칭찬하기 위해 가장 먼저 전제되어야 할 것은 꾸준한 관찰이다. 그래야만 무엇이, 어떻게 바뀌었는지 정확히 알 수 있기 때문이다. 그렇게 해서 시기적절하고 기억에 남을 만한 인상적인 표현을 하게 되면, 상대는 "저 사람이 내게 많은 관심이 있구나"라고 생각하게 된다.

"와, 헤어 스타일이 바뀌셨네요. 예전보다 훨씬 스마트해 보이는데요."
"안경 언제 바꾸셨어요? 훨씬 샤프해 보이는데요."

여기서 중요한 것은 '외모가 바뀌었다'가 아니라 '바뀌어서 ○○○한 느낌이다'라는 것이다. 대부분 사람은 바뀌는 것 자체를 목적으로 하지 않는다. 그 변화로 인한 '일정한 효과'를 목적으로 하기 때문이다. 따라서 상대의 변화로 인해 어떤 긍정적인 느낌이 드는지를 구체적으로 말해줄 필요가 있다.

단, 외모에 관한 칭찬에서 한 가지 반드시 짚고 넘어가야 할 것이 있다. 가능한 한 직접적인 '외모'가 아닌 '스타일과 취향'에 관한 칭찬이어야 한다는 것이다. 다소 포괄적이긴 하지만, 상대로부터 느끼는 '전체적인 효과'를 언급하는 것이기에 고난도의 칭찬이기도 하다. 무엇보다 스타일과 취향에 관한 칭찬은 단순히 외모에 관한 칭찬을 뛰어넘어 지적인 면을 칭찬하는 것이기에 상대의 호의적인 반응을 끌어낼 수 있다. 스타일과 취향이야말로 한 사람의 외모에서 배어 나오는 생활이나 삶의 전체적인 분위기를 자아내기 때문이다. 예컨대, 다음과 같은 말이 그 대표적인 경우다.

"스타일 자체가 상당히 지적이라고 할까요? 그냥 멋 내는 것과는 뭔가 확실히 달라 보이네요."

칭찬의 목표가 물건에 머물러선 안 된다

다른 사람의 취향과 스타일을 칭찬할 때 그 사람이 소유한 물건을 지나치게 칭찬해서는 안 된다. 물건에서 취향과 스타일이 드러나긴 하지만, 어디까지나 그것은 사람을 칭찬하기 위한 부수적인 것에 지나지 않기 때문이다. 또한, 칭찬의 대상이 물건에만 머물게 되면 칭찬 효과가 그만큼 반감될 뿐만 아니라 상대의 기분 역시 상하게 할 수 있다. 중요한 것은 물건이 아닌 그것을 통해 드러나는 그 사람만의 스타일임을 명심해야 한다.

칭찬 효과를 극대화하는 제3자 활용법

제3자를 활용한 칭찬 역시 꽤 효과적인 방법의 하나다. 칭찬의 객관성과 신뢰성을 더욱 높일 뿐만 아니라 아주 친하지 않은 관계에서 느낄 수 있는 직접적인 칭찬이 주는 민망함을 어느 정도 덜 수 때문이다. 또한, 나와 상대의 관계를 좋게 하는 것은 물론 상대와 제3자의 관계 역시 좋게 만드는 일거양득 효과가 있다.

"○○ 씨가 업무 능력이 매우 뛰어나다고 하던데, 정말이네요."

"○○ 씨가 정말 좋은 분이라고 하던데, 그 말이 맞네요. 잘 부탁드리겠습니다."

위 말은 상대의 마음속에 있는 '집단 내에서의 인정 욕구'를 충족시켜준다.

사람은 누구나 주인공이 되고 싶어 할 뿐만 아니라 모두에게서 인정받고 싶은 욕망이 있다. 그런 점에서 제3자를 통한 칭찬은 매우 효과적이다. 특히 제3자의 신뢰도가 높으면 높을수록 더욱 효과적이다. 따라서 제3자가 한 집단의 리더나 결정권을 가진 사람이면 더욱 좋다. 타인의 의견을 좌지우지하는 오피니언 리더일 때도 마찬가지다.

제3자를 통한 두 번째 칭찬법은 제3자를 통해 상대의 귀에 들어가게 하는 것이다. 이 경우 다소 시간이 걸린다는 단점이 있지만, 매우 특별한 의미가 있다.

상대에 관한 호감을 사기 위한 칭찬에서 가장 주의해야 할 것은 칭찬과 아첨의 경계다. 자칫하면 아첨이나 아부로 비춰 역효과를 낼 수 있기 때문이다. 물론 칭찬의 수위를 낮추면 아첨으로 비칠 가능성이 적지만, 칭찬이 가져오는 효과까지 동시에 반감될 수 있다. 이때 사용할 수 있는 방법이 바로 '제3자를 통한 칭찬'으로 직접 대면하면서 칭찬하는 것이 아니기 때문에 아첨으로 비칠 가능성 역시 매우 낮다.

누군가가 당신이 없는 곳에서 당신을 칭찬했다고 생각해보라. 그 사람에 관한 이미지가 확연히 바뀌면서 더욱 친밀해지려는 마음이 생길 것이다. 많은 칭찬 고수들이 직접적인 칭찬보다 우회적이고 간접적이지만 '제3자를 통한 칭찬'을 선호하는 이유 역시 바로 이 때문이다.

이 방법을 사용하려면 자신의 말을 전해줄 사람, 즉 제3자가 필요하다. 그가 이 칭찬법의 핵심이기 때문이다. 하지만 대부분 사람은 이러한 메신저를 '수다스러운 사람', '오지랖 넓은 사람' 쯤으로 생각한다. 칭찬을 전달할 수도 있지만, 동시에 험담을 전달할 수도 있기 때문이다.

칭찬 전달자를 찾는 데 있어서 가장 중요한 것은 전달자와 칭찬받는 당사자와의 관계다. 두 사람의 관계가 치열한 경쟁 관계라면 칭찬을 전달해줄 리 없기 때문이다. 반면, 두 사람이 선의의 관계, 서로가 가까워질 필요가 있는 관계라면 칭찬을 전달해줄 가능성이 매우 높다. 그렇다면 이 경우 활용할 수 있는 가장 좋은 화법은 과연 무엇일까.

일반적인 칭찬의 경우 과장하는 것이 좋지 않지만, 제3자를 통한 칭찬은 다소 과장해도 상관없다. 어떻게 보면 이런 방식의 칭찬의 경우 매우 극적인 칭찬의 영역에 속하기 때문이다. 자신에 관한 전혀 몰랐던 이야기를 제3자에게 들었다고 생각해보라. 더불어 그것이 험담이 아니라 칭찬이라면 과연 어떻겠는가. 매우 극적인 상황이 펼쳐질 것이 틀림없다. 따라서 이런 극적인 효과를 높이려면 제3자를 통해 어느 정도 칭찬을 과장하는 것이 좋다.

'양동작전'을 통해 칭찬의 효과를 높여라

제3자를 활용해 칭찬할 때는 양동작전을 사용하는 것이 좋다. 예컨대, 당사자인 부하 직원 앞에서는 칭찬을 최대한 자제하고 엄격한 분위기를 유지하되, 제3자에게는 부하 직원을 칭찬하는 것이다. 그렇게 되면 당사자인 부하 직원이 매우 색다른 감정을 느끼게 된다.

"그분이 앞에서는 매우 엄격하더니, 정작 주변 사람들에게는 내 칭찬을 했다"라는 생각에 더욱 큰 감동을 얻기 때문이다. 물론 이런 상황을 작위적으로 만들 필요까지는 없지만, 직원들의 사기 진작 차원에서 때때로 활용해볼 만하다.

잘 나가는 사람일수록
학연, 지연보다 '코드'를 맞춰라

"그 브랜드 아시는 분이 많지 않은데, 이거 정말 반갑네요."
"그걸 아시는군요. 그런 분 만나기가 쉽지 않은데!"

'가장 프로다운 칭찬'은 상대가 전혀 의식하지 못할 때 하는 것이다. 상대가 어떤 거부감도 느끼지 않을뿐더러 마음을 완전히 열 수 있기 때문이다. 심지어 그동안 말하지 않았던 일까지도 서슴없이 드러내는 경우가 많다.

가장 빠르고 효과적인 방법은 이성이 아닌 정서적인 부분에 호소하는 것이다. 그중에서도 가장 중요한 것이 바로 '공감'과 '미소'다. 이 둘은 하나의 세트처럼 맞물리는 특성이 있다. 부드러운 미소는 공감의 또 다른 표현이며, 공감에서 미소는 필수이기 때문이다. 실례로, 뉴욕 한 백화점에는 '늘 심각한 표정을 짓는 박사 학위 소유자보다는 밝은 미소를 짓는 초등학교 중퇴자를 채용하라'는 지침이 있다. 학력이나 권위, 명예보다 밝은 미소가 더욱 막강한 힘을 발휘하기 때문이다.

미소는 그 자체만으로도 하나의 칭찬이라고 할 수 있다. 상대에 관한 긍정의 표시이기 때문이다. 반면, 상대를 보며 얼굴을 찡그리는 것은 그 존재 자체를 부정하는 것이다. 싫어하는 사람이나 자신에게 악감정을 품은 사람에게 미소 짓는 사람은 없다는 것이 그 방증이다. 따라서 상대에게 짓는 미소는 "저는 당신이 있는 것만으로도 좋습니다"라는 칭찬의 의미라고 할 수 있다. 마찬가지로 상대가 말하는 도중에 그를 향해 미소 짓는다는 것은 그의 말을 수긍하고 받아들이겠다는 호의적인 칭찬이라고 할 수 있다.

자신과 격이 전혀 다른 사람을 만났을 때 사람들의 반응은 크게 두 가지다. 존경과 무시가 바로 그것이다. 자신이 범접할 수 없을 만큼 지위가 높은 사람이라면 존경을 보낼 것이고, 모든 면에서 자신보다 격이 낮다면 은연중에 무시할 가능성이 높다. 어떤 경우든 정서적인 격차를 줄일 수 없을 뿐만 아니라 서로 진정한 호감을 보이기는 힘들다.

하지만 자신과 비슷한 처지, 비슷한 감성을 가진 사람을 만났을 때는 다르다. '할 수 있는 이야기'가 많기 때문에 훨씬 더 친밀함을 느낀다. 문제는 어떻게 그것을 공유하느냐는 것이다. 공통점만 지나치게 찾으려고 할 경우 역효과가 생길 수 있기 때문이다. 만나자마자 호구 조사라도 하듯이 취미와 관심사를 묻고 억지로 자신과 연결하는 것은 상대의 거부 반응을 불러일으킬 뿐이다.

대부분 사람은 넓은 인간관계를 원한다. 그래서 매일 새로운 사람을 만나고, SNS와 같은 새로운 매체를 통해서 새로운 관계를 형성한다. 그것이 미치는 영향은 고려하지 않은 채.

하지만 이른바 '잘 나가는 사람'들은 이와 전혀 다르다. 그들은 잘못된 인맥은 절대 맺으려고 하지 않는다. 자신에게 피해를 주고, 뭔가 자주 부탁할 우려가 있기 때문이다. 그러다 보니 친밀감으로 자꾸 엮이는 것 역시 그리 달가워하지 않는다. 그렇다면 상대에게 부담을 주지 않고 친밀감의 효과를 극대화하는 방법은 없을까.

요즘은 같은 초등학교, 같은 중학교를 나왔다고 해서 곧바로 친해지거나 인맥을 형성하진 않는다. 따라서 학연이나 지연이 아닌 정신적인 면, 지적인 측면에서 서로에게 다가갈 필요가 있다. 특정한 인물에 관한 관심이나 일반인은 잘 모르는 특정한 브랜드, 책, 음악 등 그 종류는 수없이 많다.

"아, 그 브랜드요? 그걸 아시는군요! 저 역시 그 브랜드를 매우 좋아합니다. 소비자에 관한 배려의 철학이 있기 때문이죠. 그 브랜드 아시는 분이 많지 않은데, 이거 정말 반갑네요."

"그 책을 알고 계시군요. 저 역시 여러 번 읽었습니다. 그 책 아는 분 만나기가 쉽지 않은데, 참 반갑네요."

"그걸 아시는군요!", "그런 분 만나기가 쉽지 않은데!"라는 말은 한 쌍을 이뤄 상대의 지적인 면을 칭찬하는 화법을 구성한다. "다른 사람은 잘 모르는데, 그걸 알고 있다니 대단하다"란 의미가 되기 때문이다.

이렇듯 자신의 지적인 면을 칭찬받은 사람은 '같은 초등학교, 같은 중학교' 출신이라는 막연한 지연보다 더욱 강렬한 동질감 및 친밀함을 느끼게 된다. 이러한 특정한 브랜드, 책, 지적 영역은 '남들은 모르는데 우리만 안다'는 은밀함을 형성하기 때문이다. 그 결과, 이 은밀함의 정도가 강하면 강할수록 친밀감 역시 강해진다.

상대의 자랑을 더 과도하게 칭찬하는 것 역시 좋은 방법이다. 사람은 누구나 자랑하고 싶은 욕구가 있기 때문이다. 문제는 그 수위다. 은연중에 타인의 존경을 불러일으킬 만한 세련된 자랑을 하는 사람이 있는가 하면, 눈살을 찌푸리게 할 만큼 자기 자랑만 일삼는 사람도 있기 때문이다. 전자는 아무 부작용이 없지만, 후자는 어느 정도 부작용을 낳는다. 이에 대해 '풍요로운 인간학의 보고'라고 불리는《사기》의 작가 사마천은 "상대의 자랑을 더욱 과장하라"고 말한 바 있다.

"모든 의견을 말함에 있어 상대가 자랑하는 점을 더욱 과장하고, 부끄러워하는 것을 절대 언급하지 않아야 한다는 사실을 명심하라."

자랑이란 칭찬받고 싶은 욕구가 직접 표출되는 것이다. '배가 고플 때'가 밥을 먹는 최적의 타이밍이듯, '울고 싶을 때'가 최적의 우는 타이밍이다. 마찬가지로 상대가 자기 자랑을 할 때가 칭찬을 할 수 있는 최적의 순간이다. 그러므로 상대가 자기 자랑을 시작하면 '기회는 이때다'라고 생각하고 적극적으로 그를 칭찬하라. 직장생활에서건, 일반적인 인간관계에서건, 혹은 자녀교육에서건 마찬가지다. 상대의 자랑이 가진 '의미'를 증폭시켜주는 것이야말로 가장 효과적인 칭찬 기술이다.

"내가 생각해도 그 프로젝트를 제대로 끝낸 것은 다행인 것 같아."

"다행이기만 해? 아마도 우리 팀 역사에 남을 만한 일일걸."

'다행스러운 일'이 과장을 넘어 '역사에 남을 만한 일'이 되었다. 상대의 자랑을 그만큼 증폭시킨 것이다. 그뿐만 아니라 새로운 가치와 의미까지 부여했다. 단순히 잘된 일, 좋은 일이 아니라 '역사'라는 새로운 의미를 부여한 것이다.

칭찬 효과를 높이려면 코드를 맞춰라

은밀한 칭찬에서 가장 중요한 것은 코드의 일치다. 여기서 말하는 코드란 추상적이고 거대한 인생관 및 종교관, 철학 등을 말하는 것이 아니다. 생활의 아주 사소한 부분에서의 취향의 일치, 즉 서로가 지향하는 바가 같은 것을 말한다. 예컨대, 좋아하는 음식이나 좋아하는 옷 스타일, 헤어스타일, 영화 취향 등이 바로 그것이다. 따라서 은밀한 칭찬을 통해 서로 호감을 높이려면 작은 부분부터 코드를 맞추는 것이 좋다.

은근하지만 오래 기억되는
'쓰리쿠션' 칭찬법

"자네는 문제 해결법 자체를 완전히 새롭게 만들어 버리는군!"
"가끔은 자네를 보는 것만으로도 기분이 좋아져."

때로는 사소하지만 간접적인 칭찬이 예상 밖의 효과를 발휘할 때가 있다. 일의 결과보다 일의 해결법이나 일을 대하는 태도를 칭찬하는 것이 바로 그것으로, 다른 사람은 신경 쓰지 않는 부차적인 것에 관한 칭찬이 직접적이고 강한 칭찬보다 은근하지만 기억에 오래 남는 칭찬이 될 수 있기 때문이다. 이렇듯 일종의 '쿠션'을 통한 칭찬은 상대가 가진 결과나 성과만을 보지 않고 상대의 모든 것을 본다는 의미에서 더욱 총체적인 칭찬법이라고 할 수 있다.

"자네는 문제에 봉착해도 전혀 당황하지 않고 침착하더군. 거기다가 문제 해결법 자체를 완전히 새롭게 만들어 버리잖아."

대부분 사람이 일이나 능력을 이야기할 때 '문제해결 방식'을 이야기하는 것은 분명 신선한 접근법이다. 표면적인 결과를 놓고 이야기하는 것을 넘어서서 '일의 방식'을 논한다는 것은 상대의 창의성을 인정하는 것이기 때문이다. 문제를 해결하는 것은 누구나 할 수 있지만, 문제해결 방법 자체를 새롭게 고안하는 것은 누구나 할 수 있는 일이 아니다. 따라서 더욱 고차원적인 칭찬법이라고 할 수 있다.

자신을 알아주는 사람에게 호감을 느끼는 것은 인지상정이다. "나는 남들이 모르는 당신의 다른 능력을 알고 있다"는 의미심장한 메시지는 분명 상대의 호감을 사고 깊은 인상을 심는다. 또한, 일과 능력에 관한 칭찬은 그 결과가 좋지 않을 경우 적용이 힘든 반면, 이러한 방식의 칭찬은 일의 결과가 좋지 않을 때도 할 수 있다는 장점이 있다. "(비록 성과는 좋지 않았지만) 문제해결 방법 자체는 좋았다"라고 얼마든지 이야기할 수 있기 때문이다.

"우리가 지금까지 해왔던 방식을 완전히 바꾼 새로운 방식인데!"
"무엇보다도 자네가 일하는 방식 자체가 매우 인상 깊었네"

"지금까지의 방식을 넘어섰다. 그것이 매우 인상 깊었다"라는 말은 상대에 관한 칭찬인 동시에 자신에 관한 호감을 높이는 방법이다. '남들이 알아주지 않는 능력을 알아주는 것'은 관계 유지에 있어 적지 않은 도움이 되기 때문이다.

많은 사람이 '왜 다른 사람들은 내 능력을 모를까?'라며 고민하곤 한다. 그 결과, 자신의 능력이 평가절하되어 있다며 고민하는 사람들이 의외로 많다. 물론 이에 대한 가치 판단은 각자 다르다. 본인이 생각하는 만큼의 능력이 될 수도 있지만, 그렇지 않을 수도 있기 때문이다. 하지만 그런 가치 평가에 앞서 상대가 남과 다른 점을 부각하고, 그것에 초점을 맞춰 대화를 나누는 것은 충분히 호감을 주는 대화법이다.

'일을 대하는 태도나 자세'를 칭찬하는 것 역시 효과적이다.

"자네는 일하는 게 참 행복해 보이는군. 아무리 열심히 하는 사람도 즐기는 사람을 따라잡을 순 없다는데, 그러고 보면 자네 앞날은 그 누구보다도 빛날 거야."

이는 일종의 부러움을 활용한 칭찬법이다. 사람은 누구나 '남의 부러움을 사는 존재가 되고 싶은 마음'이 있다. 자신감과 자존감을 높이는 삶을 살고 싶은 욕구는 모든 사람의 바람이기 때문이다. "넌 참 행복해 보인다"는 말 속에는 "나는 그 정도까지는 아니다"라는 의미가 담겨 있다. 이에 부러움을 받는 사람은 자신을 부러워하는 사람에게 호의적인 감정을 가질 수밖에 없다.

상대의 성격을 칭찬하는 것에도 똑같은 방법이 적용될 수 있다. 예컨대, "자네는 참 긍정적이야"라고 칭찬하는 것이다. 하지만 이것만으로는 뭔가 좀 부족해 보인다. 약간 삐딱하게 생각하면 '대책 없이 즐거운 사람'이라는 원치 않는 메시지를 전달할 수도 있기 때문이다. 따라서 상대의 긍정적인 면과 그것이 주는 일종의 '플러스 요인'들을 함께 언급하는 것이 좋다.

"자네의 긍정적인 태도가 주변에 얼마나 큰 영향을 미치는 줄 아나? 앞으로도 그런 긍정 바이러스를 자주 퍼뜨려주게."

"가끔은 나도 자네를 보는 것만으로도 기분이 좋아져."

이처럼 "당신은 긍정적이야"라고 말하는 것보다 "당신은 긍정적이기 때문에 (주변 사람들과 내게) 특별한 도움을 준다"라고 이야기하는 것이 더욱 구체적이고 부작용이 없다.

'대책 없이 즐거운 사람'이라는 인상은 주지 마라!

앞서 언급했던 칭찬의 부작용, 즉 '대책 없이 즐거운 사람'이라는 이미지를 주지 않으려면 자신이 가진 '긍정적인 태도의 중요성'에 관해 사전에 충분히 말하는 것이 좋다. 자신 역시 긍정적인 태도에 충분히 동의하고 좋아한다는 사실을 주지시키면 잘못된 메시지를 전달할 가능성이 거의 없기 때문이다. 예를 들면, 다음과 같다.

"역시 긍정적인 태도가 일의 결과마저 변화시킨다."

"긍정적인 태도가 스트레스를 줄여서 건강에도 좋은 영향을 미친다."

모르는 얘기일수록
상대의 자랑을 더욱 과장하라

"그렇게 깊은 뜻이 있었군요. 참 대단하네요."
"자네 정말 대단하구먼. 어떻게 그런 전문 용어까지 모두 꿰고 있나?"

대화하다 보면 늘 관심 있는 주제, 다 아는 이야기만 할 수는 없다. 그렇다고 해서 멀뚱히 자리만 지키고 앉아 있거나 '나는 관심 없다'는 듯이 가만히 있으면 그 자리에서 소외되기 마련이다. 그 결과, 더 나은 인간관계를 위한 기회를 잃어버릴 수도 있다.

이런 경우에는 다음과 같은 방법으로 좀 더 적극적인 참여 의사를 밝히고 대화에 끼어들려는 노력이 필요하다.

"그렇게 깊은 뜻이 있었군요. 참 대단하네요."

이렇게 얘기하면 상대가 좀 더 친절하게 설명해줄 뿐만 아니라 자부심을 느끼게 된다. 상대가 모르는 것을 자신만 알고 있다는 생각이 들기 때문이다.

이는 상대의 지적 능력에 관한 칭찬이기도 하다. 그러므로 모른다고 가만히 있기보다는 그렇게나마 추임새를 넣음으로써 대화 자체를 역동적으로 만들고, 나아가 자기도 참여할 수 있는 여지를 열어둘 필요가 있다.

자신이 전혀 모르는 이야기가 나와도 마찬가지다. 더욱 적극적으로 물어보고, 그것을 칭찬의 기회로 삼아야 한다. 상대의 이야기를 전혀 이해하지 못하면서 억지로 고개를 끄덕이는 것보다는 훨씬 덜 부끄럽고 자존심 역시 상하지 않기 때문이다.

A : (이야기 도중에) "아, 죄송합니다, 제가 잘 몰라서요. 그런데 그게 뭐죠?"
B : "아, 그거요~ (설명)"
A : "정말 대단하시네요. 전 몰랐거든요. 그쪽 방면에 정말 지식이 많으신가 봐요."

상사와 부하의 관계에도 이를 응용할 수 있다.

A : (이야기 도중에) "아, 내가 잘 몰라서 물어보는 건데, 그게 정확히 어떤 의미지?"
B : "아, 그거요~ (설명)"
A : "자네 정말 대단하구먼. 어떻게 그런 전문 용어까지 모두 꿰고 있나."

이렇게 하면 상대의 지적 수준은 높이고 자신은 한결 낮춤으로써 겸손의 효과까지 얻을 수 있다.

자신 있게 묻지 않으면 열등감의 표현이 된다

상대에게 뭔가를 묻는 것에도 일정한 태도가 전제되어야 한다. 자신감 있고 활기차게 "어? 그런 것도 있었어? 그건 뭐야?"라고 물을 수도 있고, 자신이 모른다는 사실에 주눅 든 나머지 "그게… 뭐야?"라고 물을 수도 있다. 하지만 모르는 것 자체가 부끄러운 일은 아니다. 어차피 세상 모든 분야를 다 꿰고 있는 사람은 없기 때문이다. 따라서 모르는 것이 있다면 당당하고 적극적으로 물어보는 것이 좋다.

아무리 반복해도
부작용이 없는 '스폰지' 칭찬법

"내 주변에는 나를 도와주는 똑똑한 사람들이 아주 많아."
"우리 팀원들은 똑똑하고 일을 잘해서 성과가 좋을 수밖에 없어."

칭찬이 강력한 동기를 부여한다는 점에서는 매우 유용하지만, 한편으로는 본질적인 약점을 갖고 있는 게 사실이다. 반복적인 칭찬의 경우 그 힘을 급속도로 잃기 때문이다. 그 결과, 반복할수록 그 색채가 옅어질뿐더러 칭찬의 의도마저 의심받을 수 있다.

하지만 아무리 '반복해도 전혀 부작용이 없는 칭찬'이 있다. 이런 칭찬은 다소 애매해서 규정되어 있지 않은 것처럼 보이기도 한다.

'철강왕' 앤드루 카네기는 생전에 다음과 같은 묘비명을 직접 작성해두었다고 한다.

"여기 자신보다 현명한 사람들을 주위에 두었던 사람들이 잠들다."

그래서인지 그는 생전에도 "주변에 나보다 현명한 사람들을 둔 것이 큰 복이다"라는 취지의 말을 여러 번 했다.

이런 칭찬은 아무리 반복해도 지루하거나 그 의도를 의심받지 않는다. 또한, 특정인에게만 한정되지 않고 주변인 전체를 뜻하기 때문에 팀워크와 분위기 역시 한결 좋게 만드는 힘을 갖고 있다.

"내가 이렇게까지 할 수 있었던 것은 주변에 똑똑한 사람들이 많았기 때문이야."

"내 주변에는 나를 도와주는 똑똑한 사람들이 아주 많아."

이 말은 듣는 사람들 역시 주변에 있는 사람이기에 '현명한 사람과 똑똑한 사람'에 속한다. 이에 자신을 정확히 지칭하진 않았지만, 자신 역시 같은 부류에 들어간다는 것 자체만으로도 기뻐할 것이 틀림없다. 특히 이 방법은 주변 전체에 긍정적인 힘을 전파해 개인 뿐만 아니라 조직의 활력 역시 높인다는 점에서 매우 효과적이다. 예컨대, 직장이라면 이렇게 이야기할 수 있다.

"우리 팀원들은 모두 확실한 장기가 있어서 전혀 걱정이 안 돼."

"우리 팀원들은 똑똑하고 일을 잘해서 성과가 좋을 수밖에 없어."

그런 점에서 칭찬이 갖는 본질적인 약점, 즉 "칭찬을 너무 자주 하면 힘을 잃을 수 있다"는 말은 특정한 인물에게 칭찬이 집중될 때로 한정되어야 옳다. 팀 전체 또는 다수를 칭찬할 경우 그런 약점을 커버할 수 있을 뿐만 아니라 전체적인 분위기 역시 띄울 수 있기 때문이다.

'나'가 아닌 '우리'에 초점을 맞춰라

이런 방식의 칭찬은 허심탄회한 자리에서 할수록 더욱 효과적이다. 예컨대, 회의나 회식에서 진심과 함께 다음과 같은 이야기를 전할 경우 모두에게 긍정 에너지를 전할 수 있다. 단, 말의 초점이 '운이 좋은 나'가 아닌 '우리 팀'에 맞춰져야 한다. 본인 자신에게 지나치게 초점이 맞춰지면 자기중심적으로 보일 수 있기 때문이다.

"난 말이야. 참 운이 좋은 것 같아. 우리 팀처럼 능력 있고 훌륭한 팀워크를 갖은 팀을 만났으니까. 그래서 말인데, 우리 팀과 함께라면 어떤 일도 충분히 할 수 있을 것 같아."

부탁을 거절할 때는
'사과 – 거절 – 칭찬' 순으로 말하라

"죄송합니다, 신경을 많이 써주셨는데
변변한 도움을 드리지 못해서."

많은 사람이 매우 힘들어하는 일 중 하나가 '부탁을 거절하지 못하는 것'이다. 이른바 '착한 사람 콤플렉스' 때문이다. 그러다 보니 상대의 부탁을 거절했을 경우 상대 역시 언젠가는 자신의 부탁을 거절할 것이라는 알 수 없는 불안감에 시달린다.

지나친 기우일까. 그렇지 않다. 누구에게나 거절은 기분 나쁜 경험이기 때문이다. 따라서 상대 역시 내 부탁을 거절할 가능성이 매우 높다. 그렇다면 상대의 부탁을 거절하되, 관계의 끈을 놓지 않는 방법, 즉 기분은 좀 상해도 최대한 자신의 이미지를 보호할 방법은 없을까.

이럴 때는 '사과-거절-칭찬'을 연속 사용하는 방법을 통해 부정성을 어느 정도 억제하는 것이 좋다.

"죄송해요, 도움을 드리지 못해서. 이렇게까지 오셔서 말씀해주셨는데."

"죄송합니다, 신경을 많이 써주셨는데 변변한 도움을 드리지 못해서."

앞부분의 '죄송해요'는 사과지만, 뒷부분은 상대의 수고로움에 관한 칭찬이다. '당신이 힘들게 내게 부탁을 하기 위해 시간을 쓰고 고민을 했다'는 것에 관한 보답인 셈이다.

정중한 사과와 함께 후속 대책이 반드시 있어야 한다

아무리 '죄송하다'고 사과해도 상대는 거절당한 것에 분명 상처를 받는다. 이를 치유하려면 가능한 한 빨리 후속 대책이 필요하다. 비록 부탁은 거절당했을지언정 자신의 인격은 존중받고 있다는 느낌이 들어야 하기 때문이다.

상대의 이메일이나 휴대폰 문자를 통해 다시 한번 고마움과 미안함을 전하라. 이때 대면했던 자리에서 했던 말을 반복하는 것은 그다지 효과가 없다. "다음에 기회가 있으면 반드시 당신과 함께하고 싶다"라거나 "주위에 비슷한 일이 있으면 꼭 연락드리겠다!" 같은 진심을 느낄 수 있는 말이어야만 상대가 받은 상처를 치유할 수 있다.

다음 만남을 기약하는
기분 좋은 마무리 인사법

"오늘 정말 많은 도움이 되었습니다. 사실 그 부분이 가장 답답했거든요."
"오늘 정말 많이 배웠습니다. 다음에도 많이 알려주세요."

무슨 일이건 마무리가 중요하다. 아무리 좋은 사람과 관계를 맺고, 즐겁고 유쾌한 시간을 보냈더라도 마무리가 즐겁지 않으면 기분이 찜찜하기 때문이다.

그렇다면 기분 좋게 마무리할 수 있는 말에는 과연 무엇이 있을까. 다양한 방식이 가능하다. 우선, "당신을 만나 오랜 고민이 해결되었고 많은 도움을 받았다"는 말이 있다. 이는 만남 자체에 의미 있는 가치를 부여할 뿐만 아니라 만남의 당사자였던 상대의 가치 역시 존중하는 것이다. 또한, 상대가 자신에게 했던 모든 말을 한꺼번에 칭찬하는 방법이기도 하다.

"오늘 정말 많은 도움이 되었습니다. 사실 그 부분이 가장 답답했거든요."

"정말 많은 힘이 되었습니다. 좋은 이야기 해주셔서 감사합니다."

문제는 많은 사람이 이런 말을 하는 것 자체를 부담스러워한다는 것이다. 마음속 이야기를 꺼낼 수 있는 오랜 친구 사이나 친한 선후배 사이에서만 할 수 있는 말이라고 생각하기 때문이다. 그러나 영업자와 고객 사이에도 얼마든지 사용할 수 있다. 예컨대, 고객이 특정 사항에 관한 불만을 제기했다고 하자. 이 경우 고객 이야기를 진지하게 들은 후 이렇게 이야기할 수 있다.

"제가 미처 생각지 못한 부분을 지적해주셔서 정말 감사합니다. 큰 도움이 되었습니다."

이는 자신의 부족함과 실수를 지적하는 사람을 칭찬하는 것으로, 상대의 위상을 높이는 효과가 있다. '불만을 토로하는 사람'에서 '나를 도와준 사람'으로 그 위상이 180도 변하는 것이다.

헤어질 때는 다음 만남에 대해 기대를 표시하는 것 역시 좋은 방법이다. 그렇다고 해서 부담스러운 기대를 전하라는 것이 아니다. "다음에 더 많이 배우겠습니다", "다음에도 많은 가르침 부탁드립니다" 정도의 가벼운 인사면 충분하다.

"다음에도 좋은 말씀 많이 부탁드립니다."

"오늘 정말 많이 배웠습니다. 다음에도 많이 알려주세요. 정말 큰 도움이 됐습니다."

이렇듯 기대를 전하는 것은 다음 만남에 관한 사전포석이자 만남 자체를 상대에게 기억하게 하는 매우 유용한 방법이다.

반드시 반대급부를 준비하라

도움받는 사람 입장에서는 상대와의 만남이 항상 즐겁겠지만, 반대로 생각하면 그 관계가 반드시 흔쾌한 것은 아니다. 한두 번쯤이야 좋은 이야기를 해줄 수 있지만, 매번 그렇게 하기란 쉽지 않기 때문이다. 따라서 도움받는 사람은 그 반대급부를 반드시 준비할 필요가 있다. 그것이 꼭 거창할 필요는 없다. 사소하게는 밥값, 술값을 내는 것에서부터 상대의 관심사에 관한 최신 정보쯤이면 충분하다. 그렇다고 해서 그것이 서로 관계를 유지하는 비결이자 인간관계의 기본적인 매너이기 때문이다.

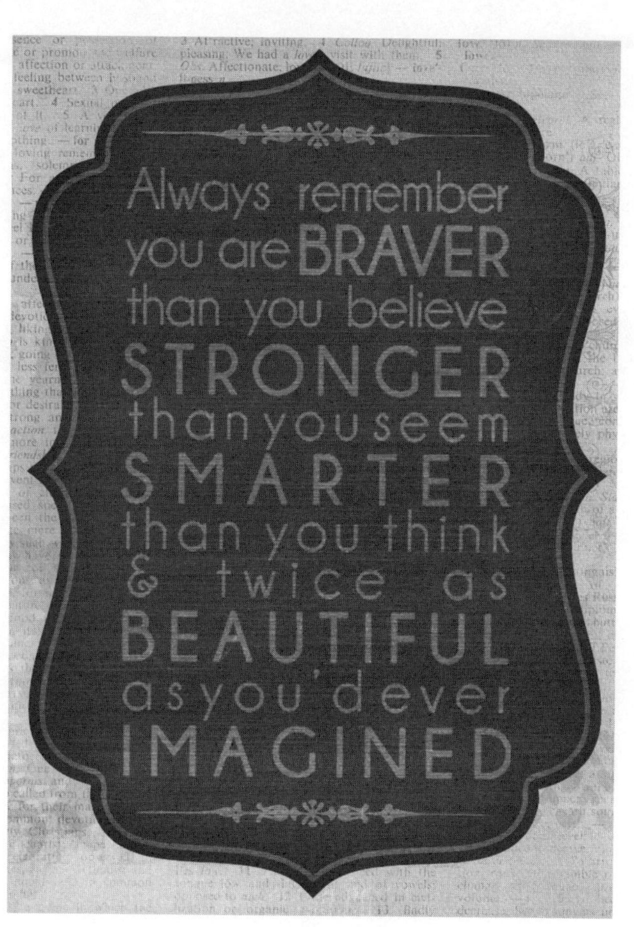

Always remember
you are BRAVER
than you believe
STRONGER
than you seem
SMARTER
than you think
& twice as
BEAUTIFUL
as you'd ever
IMAGINED

대부분 사람이 목표를 이루지 못하는 이유는 목표를 정의하지 않거나, 단 한 번도 진지하게 그 목표가 믿을 수 있는 것, 이룰 수 있는 것으로 생각하지 않았기 때문이다. 승리하는 사람들은 자신이 어디로 가고 있는지, 그 과정에서 어떤 일을 할 것인지, 그 모험을 누구와 함께할 것인지 알고 있다.

●●● **데니스 웨이틀리**Denis Waitley, **미국 작가 · 행동심리학 박사**

••• 변화에 관한 동기부여에는 두 가지 방법이 있다. 첫째, '변화는 부인할 수 없는 현실'임을 각인시키는 것이다. 그래야만 변화에 관한 면역이 생기고 그에 따른 스트레스 역시 극복할 수 있다. 둘째, 변화로 인해 얻을 수 있는 '실질적인 이익'을 강조하는 것이다. "비록 변화가 당신을 어렵고 힘들게 하겠지만, 그것이 가져다주는 결과가 틀림없이 큰 도움이 될 것이다"는 미래 지향적인 인식을 통해 현재의 고통을 참고 앞으로 나아갈 수 있는 용기를 북돋워 주는 것이다.

어떻게 말하면
변화를 쉽게 받아들일까

"5년 전과 지금을 비교해봐! 너무도 달라."
"결국, 뒤처지는 건 우리 자신들일 뿐이야."

지금 이 순간에도 세상은 빠른 속도로 변화하고 있다. 그 속도가 너무 빨라 숨이 찰 정도다. 중요한 것은 그 변화를 받아들이는 사람은 살아남지만, 그렇지 않은 사람은 도태된다는 것이다. 이에 많은 사람이 그와 관련해서 심한 스트레스를 받고 있다. 변화를 거부하는 보수성 때문이다. 문제는 그것이 개인적인 차원이 아닌 조직의 문제일 경우다. 단순히 개인적인 문제를 넘어 조직의 발전을 가로막는 '보이지 않는 적'으로 여겨질 수 있기 때문이다. 나아가 변화를 원하는 이들에게도 부정적인 영향을 끼치게 된다.

변화에 관한 동기부여에는 두 가지 방법이 있다. 첫째, '변화는 부인할 수 없는 현실'임을 각인시키는 것이다. 그래야만 변화에 관한 면역이 생기고 그에 따른 스트레스 역시 극복할 수 있다.

둘째, 변화로 인해 얻을 수 있는 '실질적인 이익'을 강조하는 것이다. "비록 변화가 당신을 어렵고 힘들게 하겠지만, 그것이 가져다주는 결과가 틀림없이 큰 도움이 될 것이다"는 미래 지향적인 인식을 통해 현재의 고통을 참고 앞으로 나아갈 수 있는 용기를 북돋워 주는 것이다. 그러자면 변화를 받아들이지 않는 사람들의 특성을 잘 알아야 한다.

그들 대부분은 현재에 만족한 나머지 더는 발전을 원하지 않는다. 그들에게 있어 변화란 불편한 것에 지나지 않기 때문이다. 따라서 그들을 설득하려면 '지금의 만족'이 '미래의 만족'이 절대 될 수 없음을 확실하게 이해시켜야 한다. 나아가 '세상의 변화'가 모든 것을 뒤바꾸고 있으며, 이런 변화에 적극적이지 못하거나 따라가지 못할 경우 도태될 수밖에 없음을 명확히 인식시켜야 한다.

"지금까지 우리가 해온 것만으로도 충분하지만, 세상은 끊임없이 변화하고 있어. 5년 전과 지금을 비교해봐! 너무도 달라. 이렇게 변화하는 세상에 적응하지 못하면 결국 뒤처지는 건 우리 자신들일 뿐이야."

하지만 생각보다 저항이 강하다면 부정적인 방법 역시 사용해야 한다. 예컨대, "뒤처질 수밖에 없다"는 말은 고립감을 안겨줄 뿐만 아니라 변화의 필요성을 스스로 인식할 수 있게끔 한다. 하지만 이에 앞서 반드시 다음과 같은 말을 통해 상대가 받을 충격을 완화해줘야 한다.

"지금까지 해온 것만으로도 충분하지만…"

변화의 필요성을 느끼지 못하는 사람의 과거를 통째로 부인하는 것은 심리적인 반발을 살 수 있다. "그럼, 지금까지 내가 했던 게 아무 소용도 없다는 거야?"와도 같기 때문이다. 따라서 과거를 전면 부정하지 않으면서 칭찬에 가까운 말을 통해 상대가 받을 충격을 완화해줘야 하며, "5년 전 세상과 지금을 비교해봐!" 라는 말을 통해 객관적인 근거 역시 제시해야 한다.

변화를 거부하는 사람들은 대부분 현실의 변화를 의도적으로 회피할 뿐만 아니라 "세상의 본질은 변하지 않는다"며 고집을 부리는 경우가 많다. 그 때문에 이들의 인식을 바꾸려면 객관적인 증거를 가능한 한 많이 제시하는 것이 좋다.

충격을 완화해주는 완충 대화법

새로운 제안에 앞선 완충 대화법은 다양한 형태로 응용할 수 있다. 예를 들면, 다음과 같은 말을 통해 상대가 받을 충격을 어느 정도 완화할 수 있다.

—— 지금까지 별 어려움 없이 진행되어 온 건 사실이지만~

—— 지금까지 많은 어려움을 잘 이겨내어 온 게 사실이지만~

—— 이 정도까지 유지한 것도 대단한 일이라고 할 수 있지만~

심정적 동조와 함께
미래 비전을 제시하라

“나 역시 너와 똑같은 경험을 해봤어.”
“지금의 위기를 이겨내면 자네에게 훨씬 더 많은 기회가 주어질 거야”

비록 당사자가 변화의 필요성을 절감했다고는 해도 변화에 관한 스트레스 자체를 없앨 수는 없다. 그 때문에 만일 누군가가 변화를 시도한다면 그가 겪고 있을 스트레스에 관한 지속적인 관심과 조언 역시 필요하다. 이때 가장 필요한 것이 스트레스에 관한 '심정적인 동조'인데, 중요한 것은 어떻게 동조하냐는 것이다.

조언과 충고의 핵심은 말의 내용이 아닌 정서적인 공감에 있다. 함께 웃고, 함께 웃으면서 얘기를 나누다 보면 상대가 무엇을 필요로 하고, 무엇을 걱정하는지 명확히 알 수 있기 때문이다.

“변화 때문에 스트레스를 받는 건 너무도 당연한 일이야. 그게 어느 정도인지는 나 역시 경험으로 잘 알고 있어. 세상에 고통 없이 이루어지는 일이 과연 어디 있겠어. 결국, 이 변화가 네게 틀림없이 좋은 결과를 안겨줄 거야.”

심정적인 동조에 있어서 가장 효과적인 방법은 “나 역시 너와 똑같은 경험을 해봤다”라는 것이다. 자신의 비슷한 경험을 떠올리며 그때 느꼈던 괴로움과 생각을 함께 전할 경우 훨씬 효과적인 커뮤니케이션을 할 수 있기 때문이다. 물론 심정적인 동조만으로 모든 스트레스를 이겨내게 할 수는 없다. 사람은 감성적인 존재이기 이전에 이성적인 존재이기 때문이다. 따라서 또다른 전략을 병행해야 한다.

심정적인 동조가 감성적인 면에서 상대에게 힘을 주는 것이라면, 미래의 비전 제시를 통해 이성적인 차원에서도 용기를 줘야 한다.

“만일 지금의 위기를 이겨낸다면 자네에게 훨씬 더 많은 기회가 주어질 거야.”

위의 말은 상대에게 미래에 있을 실질적인 이익을 떠올리게 할 뿐만 아니라 현재의 스트레스를 견디는 힘을 준다. 일종의 ‘반전의 힘’인 셈이다. 주목할 점은 여기에는 부정적인 단어보다 긍정적인 단어가 훨씬 더 많이 사용되고 있다는 점이다. ‘이겨내다’, ‘성공’, ‘더 많은’, ‘기회’ 등의 말은 지금 겪고 있는 스트레스의 부정성을 뒤엎고 새로운 희망을 품을 수 있게 해준다.

중요한 것은 지금의 스트레스가 자신에게 분명 도움이 된다는 사실을 확실히 인식시켜주는 것이다. 그런 점에서 이 화법은 동기부여의 가장 전형적인 형태라고 할 수 있다.

개인의 특성과 취향에 맞는 이익을 제시하라

스트레스가 무조건 좋지 않다는 생각은 잘못된 것이다. 스트레스가 전혀 없는 상태 역시 그리 건강한 상태는 아니기 때문이다.

스트레스란 일종의 '전투태세'가 되는 것을 말한다. 이에 그런 상황에 부딪히면 순간적으로 스트레서(Stressor, 스트레스를 발생시키는 개인적, 직무적 그리고 조직적 요인)를 압도하려는 열정과 힘이 급증하는데, 이 때를 기회 삼아 스트레서를 압도할 필요가 있다.

미래의 보상이 강하면 강할수록 스트레서에 관한 전투력 역시 강해지기 마련이다. 따라서 미래의 실질적인 이익을 제시할 때는 구체적이고 상세하게 해야 한다. 예컨대, "이 일을 잘 해낸다면 회사 생활이 좀 더 편안해지지 않겠어?"라는 말보다는 "이 일을 잘 해낸다면 틀림없이 승진할 수 있을 거야"라는 말이 훨씬 더 효과적이다. 물론 사람에 따라서는 승진보다는 지금 당장의 편안한 생활을 선호하는 사람도 있으므로, 미래의 실질적인 이익을 통한 동기부여를 할 때는 '개개인의 특성과 취향에 맞는 이익'을 제시해야 한다.

중간 점검을 통해
끊임없이 용기를 북돋워 줘라

"우리 잠깐 여유를 갖고 제대로 가고 있는지 재점검해보자."
"미래를 위해서 어떤 것이 더 좋을지 함께 생각해보자!"

만일 누군가가 변화를 시도했다면, 그 목표를 이루기까지 끊임없이 도움을 줘야 한다. 변화의 과정 중에서 그것을 후회할 수도 있고, 어떤 경우에는 '과연 이 방법이 의미가 있을까?'라며 심각하게 고민할 수도 있기 때문이다. 그 결과, 자기 합리화 과정을 거치면서 과거 방법으로 회귀하고 싶은 강한 욕망이 생기기도 한다. 이때는 잠시 쉬어가는 여유를 줘야 한다.

변화는 곧 '자기 극복의 과정'이다. 수십 년간 굳어진 습관을 바꾸고 행동을 변화시킨다는 것이 절대 쉽지만은 않기 때문이다. 그러다 보니 아무리 동기부여가 강하다고 해도 어느 순간에 이르면 지칠 수밖에 없다. 중요한 것은 그럴수록 지나치게 몰아붙이면 안 된다는 것이다. 스트레스를 견디다 못해 자포자기할 수도 있기 때문이다. 그런 사람들에게는 대화를 통해 이제까지의 심정적 괴로움을 되돌아보고 새로운 용기를 심어줘야 한다.

"비록 적응하기 쉽지 않겠지만, 우리 잠깐 여유를 갖고 제대로 가고 있는지 재점검해보자."

간혹 어떤 사람들은 이 말을, 뭔가 잘못되었으니 "과거로 돌아가자"로 의미로 해석하기도 한다. 하지만 이는 잘못된 것이다. 그보다는 '그간 이뤄낸 성과'를 되돌아보면서 지금까지 무엇을 이뤘는지 살펴보고, 제대로 평가하자는 의미로 해석하는 것이 옳기 때문이다.

어렵고 힘든 길을 가는 사람에게 누군가가 이뤄낸 과거의 성과를 알려주는 것은 또 다른 힘을 내게 하는 중요한 계기가 된다. 그런 점에서 '중간 점검'을 통해 끊임없이 용기를 북돋워 줄 필요가 있다. 또한, 그런 과정을 통해 부족한 점을 발견할 수도 있는데, 이는 또 다른 조언을 통해 서서히 교정하는 것이 좋다. 예컨대, 지쳐있는 사람에게 다음과 같은 위로의 말은 확실히 큰 도움이 된다.

"예전 방법과는 완전히 다르지? 적응하기가 쉽지 않을 거야. 하지만 미래를 위해서 어떤 것이 더 좋을지 함께 생각해보자고."

이 말에서도 가장 중요한 것은 위안과 위로, 그리고 미래의 긍정적인 결과에 관한 환기라고 할 수 있다. 앞에서 지금까지의 성과를 정확하게 재평가하고 가치를 상기하도록 도왔다면 그다음에는 긍정적인 미래를 통해 새롭게 힘을 낼 수 있도록 용기를 북돋워 줘야 한다.

단계적으로 변화된 모습을 생생하게 알려줘라

중간 점검에서 가장 배제해야 할 것 중 하나는 바로 '모호성'이다. 지금까지의 성과를 뭉뚱그려서 대충 이야기하고 넘어가서는 중간 점검의 의미가 전혀 없기 때문이다. 그러므로 중간 점검에서는 지금까지의 변화를 어느 정도 시기별로 구분한 다음 단계적으로 변화된 모습을 생생하게 알려줘야 한다. 또 하나 중요한 것이 있다면 각각의 단계별 변화가 미래의 최종적인 모습과 지속적인 연계성을 가져야 한다는 점이다. 특정 시점의 변화 자체도 중요하지만, 그것이 최종 목표와 얼마나 가까운지, 향후 어떤 방향으로 진행되어야 목표에 가까운지를 계속해서 상기시켜줄 필요가 있기 때문이다.

창의적 인재로 거듭나기 위한
3가지 동기부여 방법

"더는 과거 방법만으로는 지금과 같은 발전을 기대할 수 없어."
"이제 우리에게도 새로운 방식이 필요해."

변화에 관한 필요성과 그것을 끌어내는 동력을 스스로 만들 수 있는 수준이 어느 정도 되었다면 이제 '창의적인 인재'가 되기 위한 동기부여가 필요하다. 창의성에 관한 동기부여는 다음 세 가지 단계를 순차적으로 거친다.

첫째, 창의적인 방식의 동기부여 필요성을 인식하는 단계
둘째, 지금까지의 진부한 방식을 포기하는 단계
셋째, 새로운 접근방식을 찾는 단계

과거의 낡고 진부한 방식을 바꿔 새로운 것을 만들어낸다는 점에서 앞

서 말했던 변화와 크게 다르지 않다. 하지만 창의성이란 과거의 모습을 '바꾸는' 것에 그치는 것이 아니라 '새로운 것을 만들어내는 능력'을 말한다는 점에서 본질적인 차이가 있다고 할 수 있다. 그런 점에서 창의적인 일에 익숙한 사람은 자신만 노하우를 갖고 있다. 하지만 그렇지 않은 사람은 창의적이라는 말 자체가 부담스러운 것이 사실이다. 따라서 창의성을 각인시켜준다는 명분으로 "무조건 창의적이어야 해", "좀 더 창의적으로 해봐!"라며 다그치는 것은 아무런 의미가 없다. 그런 사람들에게는 창의력을 발휘하라고 하는 것만으로도 심한 스트레스가 될 수 있기 때문이다.

이유를 모르면 강력한 동기부여가 불가능한 것이 사람의 특징이다. 즉, 명확한 동기부여가 되지 않으면 사람은 그 어떤 변화도 시도하지 않게 된다. 따라서 그런 사람들에게는 다음과 같은 말을 통해 '창의적인 사람이 되어야 할 필요성'을 먼저 명확히 인식시킬 필요가 있다.

"지금까지 우리가 일을 꽤 잘해왔던 게 사실이야. 하지만 갈수록 경쟁이 치열하고, 상황도 많이 바뀌어서 과거 방식만으로는 지금과 같은 발전을 더는 기대할 수 없어."

가장 먼저 해야 할 일은 과거에 대한 '인정'이다. 자신의 과거를 부정당하는 것은 누구에게나 절대 유쾌한 일이 아니기 때문이다. 또한, 부정적인 감정 상태에서는 아무리 '창의성'을 논해도 심리적인 거부감이 생기게 마련이다. 따라서 "지금까지 충분히 잘해왔다"는 인정을 통해 상대의 감정을 긍정 상태로 만들어야 한다. 건물을 지을 때 초석을 다지

듯, 창의성이라는 새로운 집을 짓기 위한 일종의 '감정적 토대'를 닦는 것이다.

그 후 '창의적인 인재가 되어야 할 외부적인 이유'에 관해서 본격적으로 언급해야 한다. 여기서 중요한 것은 '변해야 할 이유'가 아니라 '변해야 할 외부적인 이유'다. 이는 앞서 말한 '긍정적 감정의 토대'와도 연결된다. 예컨대, "지금과 같은 방식으로는 힘드니, 이제 창의적으로 변해야 한다"라는 말과 "외부적인 상황이 변했으니, 이제 우리도 창의적으로 변해야 한다"는 말은 그 뉘앙스에서부터 적지 않은 차이를 갖고 있다.

그렇다면 '외부적 상황'이란 과연 무엇일까. '치열한 경쟁'에서 비롯된 현재 상황을 말한다. 즉, 과거 2등이었던 기업이 혁신에 성공해 1등 기업이 되었다든지, 과거 누구도 무시하지 못했던 1등 기업이 쇠락하게 된 사례와 같은 것이 바로 그것이다. 따라서 구체적이고 상세할수록 더욱 설득력 있다.

마지막으로, 상대의 동의를 얻어내야 한다. 이때는 명령적인 어투보다는 '예스'를 끌어내는 방식이 훨씬 더 효과적이다.

"(지금까지 우리가 꽤 일을 잘해왔던 건 사실이야. 하지만 갈수록 경쟁이 치열하고, 상황도 많이 바뀌어서 더는 과거 방법만으로는 지금과 같은 발전을 이룰 수 없어.) 이제 우리에게도 새로운 방식이 필요해. 자네 생각은 어때?"

위 질문에 "아니오, 저희는 창의성이 필요 없을 것 같은데요"라고 말할 수 있는 사람은 거의 없다. 혹시라도 그런 사람이 있다면, 그는 일 자체 혹은 그 사람을 매우 싫어할 확률이 높다.

동기부여에 있어 또 하나 중요한 스킬은 상대의 동의를 적극적으로 활용하는 것이다. 바람이 불어야만 돛단배가 앞으로 잘 나가듯이, 상대가 적극적으로 동의하게 되면 커뮤니케이션 속도 역시 매우 빨라지기 마련이다. 그런 점에서 "자네 생각은 어떤가?"라는 말은 상대의 동의를 끌어내는 질문이다. 이런 방식을 통해 커뮤니케이션 속도가 빨라지면 실천의 속도 역시 자연스럽게 빨라지게 된다.

창의성은 후천적인 노력으로 완성된다

많이 사람이 창의성은 타고나는 것으로 생각한다. 하지만 전문가들은 창의성에 있어 후천적인 노력이 훨씬 더 중요하다고 말한다. 이에 끊임없는 노력과 주변 사람들의 동기부여에 따라 평범한 사람도 얼마든지 창의적인 사람이 될 수 있다.

그렇다면 창의성은 어떻게 키울 수 있을까. 2014년 스탠퍼드 대학에서 실시한 연구결과에 의하면, 주기적으로 산책하러 나가는 사람이 그렇지 않은 사람보다 높은 창의성을 가진 것으로 나타났다. 업무와 무관한 취미생활을 하는 것 역시 업무 수행 역량을 높인다. 또한, 공상에 잠기는 것 역시 큰 도움이 된다. 캘리포니아 주립대학 연구팀에 의하면, 공상이 우리를 괴롭히는 문제를 창의적으로 해결하는 데 큰 도움이 된다고 한다.

그 외에도 창의성을 높이는 방법은 매우 많다. 중요한 것은 그것을 몰라서 실천하지 않는 것이 아니라 시도 자체를 하지 않는다는 것이다. 따라서 창의성을 높이려면 무엇보다도 관심을 두고 꾸준히 실천하는 자세가 필요하다.

핵심 없는
'정보 감옥'에서 탈출하라

"잠깐이나마 잡다한 정보에서 벗어나서 생각해봐."
"자네는 몇 가지 접근방법을 갖고 있나?"

창의성은 그 필요성을 느꼈다고 해서 당장 얻을 수 있는 것이 아니다. 지금 이 순간에도 수많은 사람과 기업이 그 필요성을 절감하고, 그것을 얻기 위해 끊임없이 노력하고 있는 것이 그 방증이다. 그만큼 창의성을 높이는 것은 쉽지 않다. 하지만 그렇다고 해서 그것을 포기해선 안 된다. 포기하는 순간, 나락으로 떨어지기 때문이다. 그렇다면 어떻게 해야 이 문제를 쉽게 해결할 수 있을까.

우리와 똑같은 길을 먼저 걸었던 사람들의 경험과 노하우가 적지 않은 도움이 될 것이다.

창의적인 아이디어를 뽑아내려는 사람들이 치르는 첫 번째 통과의례는 잡다한 정보 속에서 헤매다가 정작 중요한 핵심을 놓치는 것이다. 의지는 불타오르지만, 막상 아이디어가 떠오르지 않아 다양한 사례를 찾아보고, 기존 자료 속에서 뭔가 새로운 실마리를 얻으려다 보니 어느덧 밀림 속에서 길을 잃고 만다. 그 결과, '나무만 볼 뿐 숲은 보지 못 하는' 실수를 저지르곤 한다.

그들이 가장 먼저 해야 할 일은 핵심 없는 '정보 감옥'에서 탈출하는 것이다.

"잠깐이나마 잡다한 정보에서 벗어나서 생각해봐. 그럴 때 창의적인 생각이 나오기도 하더라고. 관점이 달라지면 해결방법 역시 달라지지 않겠어?"

어떤 경영자들은 신상품 출시에 앞서 시장 조사 자체를 하지 않는 경우도 있다. 즉, 물건이 팔리고 있는 현장에 가지 않는 것이다. 그 이유는 '시장 조사라는 틀'에서 벗어나기 위해서다. 벤치마킹이 창의적 차별화의 기준이 되기도 하지만, 결국 그 '벤치마킹 수준'에서 벗어나지 못할 때가 적지 않기 때문이다. 창의적인 시도란 결국 기존에 생각하지 못했던 것을 생각하고 적용하는 것이다. 따라서 계속해서 '기존의 생각이 집약된 기존의 상품'만 눈으로 본들 아무런 의미가 없다. 일단, 기존의 틀에서 벗어나야 한다. 그 후 더욱더 구체적이고 다양한 접근 방법에 관해 질문하는 것이 좋다.

"이 문제를 다루는 방법은 여러 가지가 있을 것 같아. 자네는 이 문제를 다루는 데 있어 몇 가지 접근방법을 생각하고 있나?"

이는 생각 정리를 위한 동기부여라고 할 수 있다. 자기 스스로 정보의 바다에서 헤매고 있을 때는 생각이 채 정리되지 못하고 혼란스러운 상태일 수밖에 없다. 이때 "자네는 몇 가지 접근법을 갖고 있나?"라는 질문은 자신을 되돌아보게 하는 좋은 방법이다. 지금까지 몇 가지 접근법이 있는지도 모른 채 우왕좌왕했다는 사실을 깨닫게 해줄 뿐만 아니라 '이제부터라도 정확한 방법론을 안 후 접근해 보자'라는 새로운 다짐을 하게 해주기 때문이다. 또한, 잡다한 정보에서 벗어나 구체적인 방법을 정한 후 다시 생각하는 것 역시 창의성을 높이는 매우 효과적인 방법이다.

리포트를 통해 생각을 효율적으로 정리하라

생각을 정리하는 가장 좋은 방법의 하나는 리포트를 쓰는 것이다. 글이란 주제와 단락이라는 유용한 도구를 포함하고 있다. 따라서 글을 쓰려면 반드시 그 형식에 맞춰야 하며, 거기에 맞추다 보면 자신도 모르게 중요하지 않은 요인들은 배제하고 중요한 방법만 일목요연하게 정리하게 된다. 특히 방법론에 관해 검토할 때는 말이 아닌 리포트를 작성하는 것이 매우 유용하다. 검토 역시 일회성으로 끝내지 않고 회의를 한 후 피드백을 참고할 수 있도록 하고, 여기에 또 다른 생각을 덧붙이다 보면 훌륭한 '창의성 지도'가 완성될 수 있다.

창의성을 높이려면
강력한 동기부여가 필요하다

"주변에 아이디어가 톡톡 튀는 사람 없나?"
"자네가 창의성을 최대한 발휘하려면 내가 어떻게 하면 되나?"

창의성은 결국 본인의 노력 여하에 따라 발휘되지만, 그 과정에서 다양한 사람을 만나서 이야기를 듣는 것이 좋다. 특히 자신과 전혀 다른 업종에서 일하는 사람들에게 답을 구하다 보면 의외의 성과를 거둘 수도 있다. 본인 스스로 사고의 틀에서 벗어나려는 노력도 중요하지만, 외부적인 자극이 더욱 효과적인 방법일 수도 있기 때문이다.

"주변에 아이디어가 톡톡 튀는 사람 없나? 그런 사람하고 함께 이야기를 나누다 보면 꽤 괜찮은 아이디어를 건질 수도 있거든. 하다못해 같이 식사라도 하면서 새로운 돌파구를 찾아보는 건 어때?"

때로는 가벼운 이야기 속에서도 훌륭한 아이디어를 얻을 수도 있다. 따라서 무겁고 진지한 자리보다는 가볍게 차나 식사를 먹으면서 얘기하는 것도 좋다. 공간을 바꿈으로써 '사고의 감옥'에서 벗어나는 방법도 있다. 새로운 공간이 두뇌에 적지 않은 자극을 주기 때문이다. 예컨대, 늘 사람이 북적이는 곳에서 근무하는 사람이 조용한 수목원을 찾는 것이나, 항상 혼자서 일하는 디자이너가 재래시장을 찾는 것 역시 그 때문이다.

만나는 사람을 바꾸고, 공간을 변화시키면 분명 두뇌는 새로운 자극을 받아 지금까지 생각하지 못했던 것을 생각해낼 가능성이 한층 더 커진다. 이와 함께 상대가 창의성을 발휘할 최적의 조건을 만들어주겠다는 의지 역시 함께 피력하는 것이 좋다.

"자네가 창의성을 최대한 발휘하려면 어떻게 하면 되나? 내가 도울 수
있다면 최대한 돕겠네."

위 말은 '좋은 조건' 그 자체에 중점을 두기보다는 상대에게 배려받고 있다는 느낌을 주고, 이를 통해 자신을 강하게 동기부여 한다는 데 좀 더 초점을 맞추고 있다. "자네가 창의성을 발휘할 수 있도록 지원을 아끼지 않겠다"라는 메시지는 분명 힘을 주는 말이다. 이로 인해 상대는 자신에게 주어지는 '기분 좋은 부담감'을 느낄 수 있을 뿐만 아니라 '내겐 그럴 자격이 충분히 있어'라는 자존감 역시 높일 수 있기 때문이다. 하지만 그것이 무엇이건 간에 '자신이 배려받고 있다'는 생각은 마음을 안정시키고 충분한 동기부여를 가능하게 한다.

말의 힘은 지시와 명령에 있는 것이 아니라 동기부여에 있다. 지시와

명령은 겉으로는 매우 강해서 사람을 움직일 수 있을 것 같지만 마음마저 움직이지는 못하기 때문이다. 이에 상대가 마음을 열지 않는 것은 물론 수동적인 반항을 할 수도 있다. 따라서 상대의 창의성을 높이려면 명령과 지시가 아닌 강력한 동기부여가 필요하다.

직원의 열정에 불을 붙이는 '추임새 언어'

조직의 창의성을 높이려면 조직의 분위기와 상사의 태도가 매우 중요하다. 아무리 능력이 뛰어난 사람이라도 적절한 도움을 주지 않으면 창의성을 제대로 발휘할 수 없기 때문이다. 심지어 기존에 갖고 있던 창의성마저 잃어버릴 수도 있다. 이런 사태를 예방하려면 직원의 아이디어에 '예민한 반응'을 자제하는 대신 열정에 불을 붙이는 '추임새 언어'를 사용하는 것이 좋다. 직원의 제안에 반응하는 것이야말로 창의성의 물꼬를 트는 일이기 때문이다.

"그런 것도 있었어?"

"역시 자네는 소질이 있어."

단, 처음부터 너무 완벽함을 요구해선 안 된다. 또한, 다음과 같은 질문은 될 수 있으면 피하는 것이 좋다. 의지를 꺾을 수 있기 때문이다.

"그럼, 진짜 그런지 확실한 근거를 제시해봐."

"그게 잘된다는 보장은 있어?"

세상에서 가장 중요한 일들 대부분은 아무도 도와주지 않을 때도 계속 노력한 사람들에 의해 이루어졌다.

● ● ● **데일 카네기** Dale Breckenridge Carnegied, **미국 작가 · 자기계발 컨설턴트**

PART 3 ••• 최강의 팀워크를 만들고 싶다면

••• 팀워크를 강화하려면 무엇보다도 '팀원 모두 하나 되었을 때 진정 우리가 원하는 목표를 이룰 수 있다'는 목표의식을 강조해야 한다. 개개인의 힘으로는 절대 할 수 없기에 팀이 필요하며, 팀이 하나가 되지 않으면 결국 그 목표 역시 이루지 못할 뿐만 아니라 개개인 역시 만족할 수 없기 때문이다. 그런 점에서 팀워크를 강화하는 가장 효과적인 방법은 개인의 이익과 팀의 이익이 정확하게 일치하고, 노력을 통해 그것이 충분히 가능하다는 것을 강조하는 것이다.

어떻게 말하면
팀을 하나로 만들 수 있을까

"우리 팀원 중 그 누구도 뒤처져서는 안 됩니다."
"팀에서 가장 중요한 것은 '팀워크'임을 절대 잊지 마세요."

팀 단위 동기부여의 핵심은 '평등'과 '차별화'다. 이에 그 누구도 리더나 관리자와의 의사소통 기회가 막혀선 안 되며, 어떤 의견과 아이디어도 팀 운영에 적극적으로 반영될 수 있어야 한다. 하지만 그렇다고 해서 모든 사람을 천편일률적으로 취급해선 안 된다. 비록 같은 팀이라고 해도 분명 더 큰 노력을 하는 사람과 그렇지 않은 사람 간의 차이가 엄연히 존재하기 때문이다. 따라서 자신의 시간과 능력을 더 많이 투여하는 사람은 분명 그에 합당한 대우를 받을 필요가 있다.

만일 이런 부분이 제대로 지켜지지 않으면 능력이 뛰어난 사람들의 이탈 가능성이 높아지는 것은 물론 이기적으로 변할 수도 있다. 팀의 하향 평준화 된 능력이 자신의 능력을 빛바래게 하지 않을까, 라는 조바심과 걱정 때문이다. 나아가 이는 능력이 떨어지는 팀원의 심리적인 안정감과 열정 역시 떨어뜨리는 요인이 될 수 있다.

문제는 그 둘 사이의 틈을 단시간에 메우기란 매우 힘들다는 것이다. 다양한 사람이 모인 '팀'이라는 원초적인 한계 때문이다. 따라서 그럴 때 일수록 리더나 관리자의 한 마디가 매우 중요하다.

"우리 팀원 중 그 누구도 뒤처져서는 안 됩니다. 부족한 사람은 자신을 발전시키려고 노력해야 하며, 앞서가는 사람은 함께 가려고 노력해야 합니다. 팀에서 가장 중요한 것은 '팀워크'임을 절대 잊지 마세요."

주변을 살펴보면 팀워크가 깨져서 심각한 문제가 생기는 조직을 어렵지 않게 찾아볼 수 있다. 그렇다면 어떻게 하면 강력한 팀워크를 지닌 조직을 만들 수 있을까.

팀워크를 강화하려면 무엇보다도 '팀원 모두 하나 되었을 때 진정 우리가 원하는 목표를 이룰 수 있다'는 목표의식을 강조해야 한다. 개개인의 힘으로는 절대 할 수 없기에 팀이 필요하며, 팀이 하나가 되지 않으면 결국 그 목표 역시 이루지 못할 뿐만 아니라 개개인 역시 만족할 수 없기 때문이다.

팀워크를 강화하는 가장 효과적인 방법은 개인의 이익과 팀의 이익이 정확하게 일치하고, 노력을 통해 그것이 충분히 가능하다는 것을 강조하는 것이다.

진정한 팀워크란 '어려울 때 서로 돕는 것'

단순히 커뮤니케이션을 강조하는 것만으로는 팀워크가 강해질 수 없다. 서로 스킨십을 나눌 수 있도록 협력과 협동의 자리를 만드는 것 역시 매우 중요하다. 또한, 팀워크가 단지 서로 '친한 것'만을 의미하지 않는다는 사실을 알아야 한다. 진정한 팀워크란 '좋을 때 친한 것'이 아니라 '어려울 때 서로 돕는 것'을 의미하기 때문이다. 따라서 팀워크를 위한 프로젝트를 기획할 때는 진정한 의미의 팀워크와 단순한 친교를 구분할 필요가 있다.

'정보 공유'를 통한
집단 지능의 강력한 힘

"혼자보다는 함께할 때 훨씬 더 좋은 결과가 나오기 마련입니다."
"각자가 가진 지식을 공유할 때 우리는 더욱 강해질 수 있습니다."

팀워크라는 정서적 부분을 공유했다면, 그다음에는 '정보 공유'와 그 것을 통해 이뤄지는 '집단 지능의 힘'을 강조할 필요가 있다. 비록 겉으로는 팀워크가 매우 좋아 보일지라도 정보 공유에 있어서 서로 머뭇거리는 경우가 많기 때문이다. 심지어 정보 공유가 어떤 힘을 가졌는지 알지 못하는 경우 역시 적지 않다.

"혼자보다는 함께할 때 훨씬 더 좋은 결과가 나오기 마련입니다. 그러니 아무리 사소한 정보라도 함께 공유해 훌륭한 결과물을 만들도록 합시다."

정보 공유는 '튀겨진 팝콘'에 비유할 수 있다. 아직 튀겨지지 않은 옥수수 알맹이는 질적인 변화를 거치기 이전이다. 여기에 기름을 붓고 뜨거운 열을 가하면 옥수수 알맹이가 가진 부피를 훨씬 뛰어넘는 거대한 양의 팝콘이 만들어진다. 1kg의 옥수수 알갱이가 차지하는 부피와 팝콘이 되었을 때의 부피에는 현격한 차이가 있다.

정보 공유란 이처럼 기름과 뜨거운 불 역할을 해서 정보의 양과 질을 급격하게 상승시키는 역할을 한다. 그러나 여전히 '정보에 관해 이기심'을 가진 직원도 있을 것이다. 정보를 공유하면 그 가치가 떨어진다고 생각하기 때문이다.

"각자가 가진 지식과 전문적인 기술을 공유할 때 우리는 더욱 강해질 수 있습니다. 자신의 머릿속에서만 뱅뱅 돌고 있는 정보에 타인의 아이디어까지 더하면 더욱 높은 가치를 가질 수 있기 때문입니다. 인맥이 점점 넓어질 때 서로 간의 시너지를 낼 수 있듯 정보 역시 공유되었을 때 더 뛰어난 정보로 질적인 변화를 거치게 됩니다."

정보 공유는 근육이 힘을 갖는 원리와 매우 비슷하다. 개개의 근육일 때는 큰 힘을 내지 못하지만, 운동으로 단련되어 서로가 더 강하게 붙들면 강한 힘을 낼 수 있기 때문이다. 따라서 팀 리더는 팀원들이 '정보의 이기심'에서 벗어나 서로 합심해서 각자의 정보를 공유할 수 있게 하고, 그것이 더욱 강화되어 각자에게 돌아갈 수 있도록 해야 한다.

정보 공유의 장을 지속해서 만들어라

정보 공유가 효과적으로 이뤄지려면 정보 공유의 장을 지속해서 만들어야 한다. 그러자면 매주 혹은 격주 정도의 기간을 두고 '아이디어 회의', '정보 공유 회의'를 하는 것이 좋다. 이 경우 팀원들에게 '언제까지 어떤 주제를 조사해 오라'고 일방적으로 시키는 것보다는 각자 해야 할 일을 나눠주는 것이 좋다. 그래야만 더욱 풍부한 결과를 만들 수 있을 뿐만 아니라 '타인의 아이디어와 정보'를 공유하는 체험을 통해서 '정보의 이기심'에서 어느 정도 벗어날 수 있기 때문이다.

최고의 팀을 만드는
'ONE-TEAM' 정신

"우리는 서로 돕고 부족한 점을 보완하기 위해 팀을 이루고 있는 거야."
"직원의 개인적인 문제를 해결하는 것 역시 리더의 의무야!"

대부분 사람은 '공적인 회사 일'과 '사적인 개인 일'을 잘 구분하지만, 의도하지 않은 상황에서 개인적인 일이 회사 일에 영향을 미치기도 한다. 단적인 예로 개인의 건강이 좋지 않을 경우 회사 일에 적지 않은 영향을 끼친다.

가정에서 일어나는 스트레스와 부부 사이의 잦은 다툼 역시 일의 집중을 방해할 뿐만 아니라 능률을 크게 떨어뜨린다. 그 때문에 팀 리더는 팀원 개개인의 사적인 문제 역시 세심하게 관찰하고 조언할 필요가 있다.

문제는 당사자들이 그 문제를 겉으로 잘 드러내지 않으려고 한다는 것이다. 괜한 오해를 불러일으킬 것으로 생각하기 때문이다. 따라서 팀원의 문제를 돌볼 때는 "아무리 사적인 문제라도 우리는 서로를 도울 수 있는 한 팀"임을 강조할 필요가 있다.

"우리는 서로서로 판단하기 위해 팀을 이루고 있는 게 아니라, 서로 돕고 부족한 점을 보완하기 위해 팀을 이루고 있는 거야. 따라서 만일 누군가가 힘들어한다면 다 같이 힘을 합쳐서 도와줄 수도 있어. 그러니 누구 든 문제가 있다면 숨김없이 이야기해줘."

개인적인 상담을 할 때 "직원의 개인적인 문제를 해결하는 것 역시 리더의 의무야!"라는 식으로 접근하는 방법 역시 좋은 방법이다. 사적인 문제로 리더의 관심을 받는 것에 관한 팀원의 부담을 그만큼 덜 수 있기 때문이다.

"내가 자네에게 이런 이야기를 묻는 건 내 의무이기도 해. 자네가 개인적일 일로 스트레스를 받으면 팀의 업무 역량 역시 떨어지게 되니까. 입장 바꿔서 생각해봐. 자네는 지금 열심히 앞을 향해 달려가고 있는데, 팀의 누군가가 자신의 사적인 문제로 회사 일을 게을리하면 어떻게 되겠어? 그러니 나는 리더로서 이 일을 더욱 효율적으로 해결해야 할 필요가 있어."

물론 리더가 팀원 모두의 개인적인 문제를 완벽하게 해결해줄 수는 없다. 하지만 팀원들이 서로 위로하고 배려하며 따뜻하게 조언할 경우 당사자가 겪는 상처와 아픔이 어느 정도 치료될 수 있을 뿐만 아니라 일에 더욱 몰두할 수 있다. 나아가 이는 팀원 전체의 정서적인 공유를 가능하게 하고, 그 어떤 팀과의 경쟁에서도 이길 수 있는 최고의 팀을 만드는 지름길이 된다.

지나친 의무감으로 큰 부담을 줘선 안 된다

이런 말을 할 때는 의무감을 지나치게 강조해선 안 된다. 그렇지 않아도 힘들어하는 사람을 더 압박할 수 있을 뿐만 아니라 더 큰 위험에 빠지게 할 수도 있기 때문이다. 예컨대, "자네가 일을 못 하면 팀워크가 망가질 뿐만 아니라 나에 대한 평가 역시 나빠질 수 있으니 빨리 정신을 차려야 한다"라는 의미가 되어서는 안 된다.

가장 좋은 것은 서로 공감하고 위로하는 것이다. 이를테면 다음과 같은 말을 통해 따뜻하게 감싸주고 응원하는 것이 좋다.

"인간적으로도 자네를 도와주고 싶고, 그런 의무도 있기 때문에 하는 말이니 너무 부담스럽게 생각하지 말게."

일의 경중에 관한
팀원들의 생각을 바꿔라

"지금 여러분이 맡은 일은 각자가 가장 잘할 수 있는 것을
효과적으로 분배한 것입니다."

모든 팀원이 다 중요한 일을 맡고 주체적으로 하는 것보다 좋은 것은 없다. 하지만 한 팀 안에도 중요한 일을 하는 사람이 있는 반면, 그렇지 않은 사람도 있다. 문제는 자신이 어느 정도 중요한 일을 맡고 있는지 대부분 알고 있다는 것이다. 그 결과, 중요하지 않은 일을 맡은 사람의 경우 일상적인 소외감에 시달릴 뿐만 아니라 팀원과 한데 섞이지 못하는 부작용을 낳는 경우가 적지 않다.

더 큰 문제는 그다음이다. 시간이 흐를수록 업무의 경중이 더욱 뚜렷해지면 팀원 간에 감정의 골이 더욱 깊이 파일 수도 있다는 점이다. 더욱이 이를 계속 방치하게 되면 업무는 물론 팀워크에도 심각한 영향을 미친다. 앞서가는 사람은 저 멀리 가지만, 그렇지 못한 사람은 업무의 긴장

도와 완성도가 떨어져 톱니바퀴가 맞지 않게 되는 것이다.

이런 상황을 피하려면 애초에 '일의 경중'에 관한 팀원들의 인식을 철저히 바꿔야 한다.

"지금 여러분이 맡은 일은 각자가 가장 잘할 수 있는 것을 효과적으로 분배한 것입니다. 그러니 그 일에 있어서만큼은 자신이 CEO라고 생각하고 일해주십시오. 그래야만 그 결과물이 모여 최고의 성과로 이어질 수 있습니다."

리더가 팀을 꾸리고 일을 배분할 때는 최적의 조합을 생각하지 않을 수 없다. 비록 외부적으로는 '누구는 중요한 일, 누구는 중요하지 않은 일'처럼 생각될 수 있을지도 모르지만, 전체적인 차원에서는 어느 한 부분이라도 결코 소홀히 할 수 없기 때문이다. 따라서 '실력의 차이'로 인해서 일을 나누는 것이 아니라 '각자가 가장 잘하는 일'에 따라 일을 배분한다는 사실을 명확히 할 필요가 있다. 그래야만 일에 관한 팀원들의 소외감을 어느 정도 완충할 수 있기 때문이다. 나아가 '조직 속에서 함께 성장해 나가자'는 현실적인 이익 역시 제공해야 한다.

"자네가 계속해서 나를 지지해주고 도와줬으면 좋겠어. 나 역시 자네를 최대한 도울 테니."

이런 대화는 사적인 자리에서 하는 것이 좋다. 하지만 가능한 한 '사전에 준비된 자리'라는 이미지는 주지 않는 것이 좋다. 지나치게 공식적인 자리에서 이야기할 경우 '밀약'이라는 이미지를 줄 수도 있기 때문이다. 어쨌거나 서로 도움이 될 수 있는 사람이 가까이에 있다는 것은 자신은 물론 상대에게도 힘이 될 뿐만 아니라 지속해서 서로에게 호의를 가질 수 있는 중요한 계기가 된다.

자신의 부족함을 최대한 어필하라

이런 경우 서로 간의 약속이 '정치적인 게임'을 위한 협조로 보일 수 있다는 단점이 있다. 특히 'Give & Take'를 전제로 하는 듯한 느낌을 주면 상대는 호의라기보다는 '밀약'으로 생각할 가능성이 크다. 따라서 이를 예방하려면 자신의 부족함을 최대한 어필하는 것이 좋다. 예컨대, "네가 이렇게 해주면 내가 이렇게 해주겠다"는 방식이 아니라 "내가 이런 면이 부족하니 네가 도와주면 나 역시 너의 부족함을 최선을 다해 도와주겠다"라고 얘기하는 것이다.

유치한 의견이라도
말할 수 있는 분위기를 만들어라

브레인스토밍Brainstorming은 아이디어를 산출하는 가장 강력한 방법의 하나다. 기존과 다른 차별화된 방법론을 가질 수 있을 뿐만 아니라 다른 회사, 다른 팀은 엄두도 내지 못할 창의적인 업무 방식을 고안할 수 있기 때문이다. 그러나 거기에는 하나의 견고한 벽이 존재한다. '내 의견이 유치하다고 평가받으면 어떡하지?', '괜히 말해서 부끄러움을 당하는 것보다 그냥 가만히 있으면 중간이라도 가겠지'라는 생각이 바로 그것이다. 만일 팀원들이 이런 생각을 하기 시작하면 브레인스토밍의 효율은 급속히 떨어질 수밖에 없다.

아이디어를 만들어내기 위한 브레인스토밍에서만 이런 일이 나타나는 것은 아니다. 어떤 문제에 관한 솔루션이 필요할 때 역시 마찬가지다.

모든 의견과 솔루션이 처음부터 명확하고 구체적인 것은 아니다. 대부분 걸음마 같은 유치한 수준에서 발전을 거듭한다. 따라서 회의나 브레인스토밍을 하기 전에는 그 어떤 의견이라도 스펀지처럼 받아들일 수 있는 분위기 조성이 필수다. 아무리 유치한 의견이라도 "그게 말이 되냐?"는 반격이 중요한 것이 아니라 "좋아! 한 번쯤 생각해볼 만한 문제로군!", "그래, 그 후에는 어떻게 하지?"와 같이 그 안에서 얼마나 '발전의 요소'를 꺼낼 수 있느냐가 관건이기 때문이다.

효과적인 브레인스토밍을 위해 아이디어 결집자를 두라

브레인스토밍의 최대 장점 중 하나는 '방대한 아이디어를 통해서 질 높은 아이디어를 병합, 산출한다'는 것이다. 따라서 아무리 유치한 아이디어라도 무시하지 않고 차곡차곡 쌓아둔다면 결합과 변형을 통해 얼마든지 수준 높은 아이디어를 만들 수 있다. 하지만 거기에는 한 가지 전제조건이 있다. '아이디어 결집자' 역할을 하는 사람이 있어야 한다는 것이다. 창의적이고 논리적인 사고를 하는 사람, 상황을 종합하는 통찰력을 가진 사람이 아이디어 결집자로 제격이다. 그렇다고 해서 그런 사람을 많이 둘 필요는 없다. 다른 팀원들이 아이디어 결집에 관한 지나친 의무감을 가져서는 안 되기 때문이다. 소단위 팀에서는 1명, 조금 규모가 큰 팀에서는 2명 정도면 충분하다.

당신이 세상을 바꿀 수 없다고 말하는 사람은 크게 두 종류다. 시도하기를 두려워하는 사람, 당신이 성공할까봐 두려운 사람들이 바로 그들이다.

●●● **레이 고포스**Ray Goforth, **미국 항공회사 엔지니어**

••• 자신의 행동이나 업무 결과에 실망한 사람이 있다면 과연 어떤 말로 위로해줘야 할까. "실망하지 마! 다음에 잘하면 되지"라는 말만으로는 뭔가 부족하다. 너무 진부하고 뻔한 말일 뿐만 아니라 상대의 용기를 북돋워 주는 동기부여 요소 역시 전혀 없는 껍데기뿐인 위로에 불과하기 때문이다. 이런 상황에서 할 수 있는 가장 효과적인 말은 "지금까지 충분히 잘해왔고, 이는 다른 사람과 비교해도 매우 객관적인 사실이야"라는 점을 강조하는 것이다. 대부분 사람은 누구와 비교해서 자신이 더 낫다는 사실을 매우 자랑스러워하기 때문이다.

어떻게 말하면
실패한 사람을 다시 일으켜 세울 수 있을까

"지금까지 충분히 잘해왔어. 그 경험이 다 노하우가 될 거야."
"이 정도까지만 해도 정말 대단한 거야. 다음에는 틀림없이 성공할 수 있을 거야."

자신의 행동이나 업무 결과에 실망한 사람이 있다면 과연 어떤 말로 위로해줘야 할까.

"실망하지 마! 다음에 잘하면 되지"라는 말만으로는 뭔가 부족하다. 너무 진부하고 뻔한 말일 뿐만 아니라 상대의 용기를 북돋워 주는 동기부여 요소 역시 전혀 없는 껍데기뿐인 위로에 불과하기 때문이다.

이런 상황에서 할 수 있는 가장 효과적인 말은 "지금까지 충분히 잘 해왔고, 이는 다른 사람과 비교해도 매우 객관적인 사실이야"라는 점을 강조하는 것이다. 대부분 사람은 누구와 비교해서 자신이 더 낫다는 사실을 매우 자랑스러워하기 때문이다. 이에 다음과 같은 위로는 단순히 마음을 편안하게 해주는 것을 넘어 더욱 확실한 동기를 유발할 수 있다는 점에서 매우 효과적이다.

"사실 이 정도도 못 하는 사람이 매우 많아. 하지만 자네는 지금까지 충분히 잘해왔어. 그 경험이 다 우리의 노하우가 될 거야."
"이 정도까지만 한 것도 정말 대단한 거야. 이게 생각만큼 만만한 일이 아니거든. 경험이 쌓이면 다음에는 틀림없이 성공할 수 있을 거야."

이는 단순히 "지금까지 잘해왔다"며 칭찬하는 말에 그치지 않는다. '지금까지 잘한 것', 나아가 '실패한 것'마저도 결국에는 다음 성공을 위한 확실한 발판이 될 뿐만 아니라 노하우가 된다는 점을 상기시키고 있다. 그 때문에 실망하는 사람에게 '장기적인 관점'을 심어준다는 점에 있어서 동기부여 요소가 매우 강하다고 할 수 있다. 앞으로의 비전과 미래를 떠올리면 지금의 잘못과 실패가 아주 사소하게 보일 뿐만 아니라 미래의 성취를 위한 더욱 강한 의지와 열정을 끌어낼 수 있기 때문이다.
실수 때문에 힘들어하는 사람에게는 '이번 실수로 중요한 것을 배웠으니 앞으로 분명히 도움이 될 것이다'라는 미래 지향적 관점 제시 역시 필요하다. 실수는 누구나 할 수 있지만, 그것을 어떻게 정리하고, 그것을 통해 무엇을 깨닫느냐는 것 역시 매우 중요하기 때문이다. 물론 야단을 칠 수도 있다. 하지만 그럴 경우 당장 화는 풀릴지 몰라도 궁극적으로는 좋지 않은 결과를 가져올 수 있다. 그러나 자신의 실수가 무의미하지 않았다는 점과 미래에 틀림없이 도움이 될 것이라고 이야기해주는 것은 현재의 결과를 보다 가치 있게 만들어준다.

"뭔가를 가장 빨리 배우는 방법은 실수를 통해서 배우는 것이라는 말도 있잖아. 이번에 그 사실을 깨달았으니, 다음에는 틀림없이 좋은 결과가 있을 거야."

사실 이 말은 칭찬이라기보다는 위로나 응원에 훨씬 더 가깝다. 하지만 상대의 실수를 과도하게 지적하지 않고 자존심을 깎아내리고 있지 않다는 점에서 확실한 동기부여를 할 수 있다.

다른 사람과 비교할 때는 매우 구체적으로 하라

"이 정도로 못하는 사람도 매우 많아"라는 식으로 이야기할 때 주의해야 할 점이 있다. 될 수 있으면 매우 구체적으로 이야기해야 한다는 것이다. 그래야만 현실성이 있어 상대를 쉽게 설득할 수 있기 때문이다. 예를 들면, 다음과 같다.

"자네 그거 아나? 내가 전 직장에 있을 때도 비슷한 일이 있었다네. 나이가 좀 있었지만, 결혼을 하지 않았던 사원이었는데, 이번 일과 매우 비슷했거든. 근데 그 사람이 어떻게 한 줄 아나? 시작도 해보지 않고 포기하더군. 그래서 그 일을 다른 사람에게 맡겼는데, 그 친구 역시 얼마나 헤매던지. 거기에 비교하면 자네는 참 대단한 거야. 그러니 그렇게 낙심할 필요 없어."

자신감을 끌어올리는
책임감 자극법

"자네에겐 그걸 충분히 할 수 있는 능력이 있어. 왜 자네만 그걸 모르나."
"자네가 없으면 우리 팀이 어떻게 굴러가겠나."

일의 결과가 만족스럽지 못한 데에는 여러 가지 이유가 있다. 자신감 부족 역시 그 이유 중 하나다. 자신감 부족은 또 다른 실패를 낳고, 그 실패는 더욱 큰 자신감 상실을 낳는다는 점에서 분명 악순환임이 틀림 없다. 그렇다고 해서 "자네라면 충분히 할 수 있어. 자신감을 가져 봐!" 정도의 말로 위로하는 것은 큰 의미도 없을 뿐만 아니라 그다지 도움도 되지 않는다. 자신감은 한두 마디 격려로 쉽게 되찾을 수 있는 것이 아니기 때문이다.

자신감을 찾으려면 어떤 계기가 필요하다.

"자네에겐 그걸 충분히 할 수 있는 능력이 있어. 왜 자네만 그걸 모르나.

그걸 잘 끌어내 보게. 그거면 충분해."

자신에 관해서는 자기 자신이 가장 잘 알고 있는 것 같지만, 실제로는 당사자라는 이유로 오히려 잘 모르는 부분이 많다. 곧 내가 아닌 '타인이 보는 시선'이 더 정확할 수도 있는 것이다.

"왜 자네만 그걸 모르나"라는 말은 상대에게 자신의 잠재 능력에 관한 강한 확신을 주는 말이다. 상대에게 "어, 그래? 내게 그런 능력이 있었나"라는 생각을 하게 만들고, 지금까지 갖지 못했던 그 뭔가가 있을지도 모른다는 희망을 품게 할 수 있기 때문이다.

상대의 존재감을 인정함으로써 용기를 내게 하는 방법도 있다. 사람은 누구나 '중요한 존재'가 되고 싶어 한다. 생각건대, 직장 생활을 하면서 '난 회사에서 쓸모없는 사람이 되어도 상관없어'라고 생각하거나, '그냥 나가라고 하기 전까지만 어떻게든 견뎌보자'라고 생각하는 사람은 거의 없다. 그런 점에서 "너는 나(또는 회사, 상사)의 힘이다"라고 말하는 것은 자신감을 상승시키는 좋은 방법이다.

"자네가 없으면 우리 팀이 어떻게 굴러가겠나. 자네도 다 알잖아."
"부장님이야말로 우리 팀의 진짜 핵심 아닙니까?"

"너는 나의 힘"이라는 메시지는 간결하지만, 그 영향력은 매우 크다. 상대의 존재감을 인정함과 동시에 책임감 역시 일깨워주기 때문이다.

절망에 빠진 많은 사람을 다시 일으켜 세우는 것 중 하나가 바로 책임감이다. 예컨대, 세상 모든 아버지와 어머니가 아무리 힘들어도 아침이면 다시 기운을 차려 일터로 향하는 이유는 가족에 대한 책임감 때문이다. 따라서 자신감을 상실한 사람에게는 존재감과 책임감을 동시에 일깨워줄 필요가 있다.

제대로 된 책임감 있는 업무를 부여하라

동기부여에서 책임감은 매우 중요하다. 책임감이 있어야만 스스로 동기부여할 수 있을 뿐만 아니라 제대로 된 성과를 낼 수 있기 때문이다. 그 때문에 실제 업무에서도 제대로 된 책임감을 부여할 필요가 있다. 말로만 "너는 나의 힘"이라고 해서는 절대 구체적인 성과를 거둘 수 없다. 책임감에 관한 커뮤니케이션과 함께 상대가 실질적으로 느낄 수 있을 정도의 책임감을 부여하고, 그 책임 내에서 자유롭게 업무를 진행할 수 있도록 배려해야 한다. 그래야만 스스로 동기부여 하고 제대로 된 성과를 낼 수 있다.

'YES'를 통해
긍정의 마음을 갖게 하라

"예전에도 비슷한 프로젝트를 했는데, 잘되지 않았나?"
"그래, 그때 정말 기분이 좋았지. 자네도 그랬지?"

고객 세일즈 화법을 보면 "상대로부터 'Yes'라는 말을 먼저 끌어내라"는 법칙이 있다. 고객이 심리적으로 뭔가를 받아들일 환경과 상태를 만들라는 것이다.

뭔가를 판매하려는 목적을 가진 사람은 상대에게 최종적으로 'Yes'라는 말을 끌어내야 한다. 처음에 'No'라는 말을 하는 상대로부터 'Yes'라는 말을 최종적으로 끌어내기란 매우 어렵기 때문이다. 그러나 처음부터 'Yes, Yes'를 끌어내다 보면 최종적으로도 'Yes'를 끌어내기가 훨씬 쉽다.

다음 두 대화를 예로 들어보자.

●●● 〈대화 1〉

판매원 : 이 공기청정기는 정말 싸고 꼭 필요한 제품입니다. 하나 사지 않으시겠어요?

고객 : 집에 하나 있어서 살 필요가 없을 것 같은데요.

판매원 : 이 제품은 최신 제품입니다. 그러니 당연히 성능도 좋고 보기도 좋지 않을까요?

고객 : 뭐, 아직 집에 있는 것도 쓸 만해서 살 필요 없을 것 같은데요.

●●● 〈대화 2〉

판매원 : 저도 자식이 있지만, 선생님께서도 자식을 매우 사랑하시죠?

고객 : 물론이죠. 말하다마다요.

판매원 : 자녀들이 나쁜 공기를 마시며 자라는 건 좋지 않다고 생각하지 않으세요?

고객 : 그럼요, 그것도 당연한 말 아닌가요?

판매원 : 그렇다면 이 제품 어떠세요? 이 제품에는 최신 기능이 많습니다. 현재 공기 청정기를 갖고 있더라도 자녀를 생각한다면 더 나은 공기를 제공하는 이 제품을 추천해드립니다.

〈대화 1〉과 〈대화 2〉는 판매원이 고객에게 질문한다는 공통점을 갖고 있다. 하지만 대화 1은 부정적인 대답을 끌어내는 반면, 대화 2는 계속해서 긍정적인 대답을 끌어내고 있다. 이를 통해 보건대 대화 1보다는 대화 2의 고객이 제품을 살 가능성이 높다고 할 수 있다. 이미 그는 '긍정의 마음 상태'이기 때문이다.

　자신감을 상실한 사람에게 새로운 자신감을 부여하는 방법에도 이를 그대로 응용할 수 있다. 과거의 경험이나 미래의 결과에 대한 연상을 통해 계속해서 'Yes'를 비롯한 긍정의 말을 끌어내는 것이다.

상사 : 예전에도 비슷한 프로젝트를 했는데, 잘되지 않았나?

부하 : 예, 잘 되었죠. (긍정)

상사 : 그래, 그때 정말 기분이 좋았지. 자네도 그랬지?

부하 : 네, 물론이죠. (긍정)

상사 : 지금도 그것과 크게 다를 바 없단 말이야. 거기서 약간만 응용하면 돼.

　이는 부하의 과거 경험을 끌어내어 칭찬함으로써 마음을 '긍정 상태'로 만드는 화법이다. 마찬가지로 미래 일을 연상하며 긍정 상태를 만들 수도 있다.

상사 : 이번 일은 우리가 꼭 해야 하는 일이고, 우리 팀에도 매우 중요한 일 아닌가?

부하 : 네, 그렇죠. 그건 저도 인정합니다.

상사 : 자네 개인적으로도 이 프로젝트를 성공시키면 다른 사람에게 인정받고 매우 기쁘지 않겠어?

부하 : 네, 그렇죠.

상사 : 그럼, 한번 해보자고. 과거에 비슷한 일을 했던 경험도 있으니 충분히 해낼 수 있을 거야.

기름지고 좋은 땅에서 식물이 쑥쑥 자라듯 긍정적인 마음 상태에서 자신감이 생기고 자신 있게 일을 추진할 수 있는 강력한 에너지가 생기는 것 역시 당연하다.

모두가 인정하는 이야기를 통해 'YES'를 끌어내라

상대로부터 계속해서 'Yes'를 끌어내기 위해서는 둘 다 인정하는 '너무도 당연한 이야기'를 해야 한다. 복잡한 상황이나 감정이 결부되어 '그럴 수도 있고 아닐 수도 있는 말'을 해서는 'Yes'가 아닌 '하지만'이라는 또 다른 복병을 끌어낼 뿐이다. 따라서 상대로부터 'Yes'를 끌어내려면 모두가 인정하는 상황, 모두가 인정할 수밖에 없는 가장 기본적인 심리에 바탕을 둔 이야기를 통해 대화를 끌어나가야 한다.

과거 성공을 통해
슬럼프에서 탈출하게 하라

"지금까지 잘해왔잖아. 앞으로도 충분히 잘할 수 있을 거야."
"그때 말은 안 했지만 속으로 '저 사람 참 대단하다'고 생각했다네."

누구나 자신이 하던 일을 포기하고 싶은 유혹에 빠질 때가 있다. 일을 아주 잘해왔던 사람이라도 가끔 슬럼프에 빠지기 때문이다. 이럴 때 대부분 "쉬엄쉬엄해. 넘어진 김에 쉬어간다는 말도 있잖아"라고 위로하거나 " 그럴 때도 있지 뭐, 기운 내"라며 응원의 말을 건넨다. 하지만 강한 질책을 해야 할 때도 있다.

"도대체 왜 그러나. 도저히 이해가 안 되는군. 이제 와서 포기하면 어쩌란 말인가?"

"무슨 말도 안 되는 소리를 하는 거야. 그래서 포기하면 앞으로 어떻게 할 건데?"

위 말은 당위성에 호소하고 있지만, 큰 효과가 없다. 상대방 역시 수 없이 자신에게 되뇌어 왔을 것이기 때문이다. 그것이 주는 스트레스가 한계에 이르렀기에 결국 포기를 선언하는 것이다.

이런 사람들에게 예전의 논리를 들어 당위적으로 설득하는 것은 전혀 효과가 없다. "너는 할 수 있어"라는 막연한 자신감을 불어넣어 주는 것 역시 마찬가지다. 이미 "나는 할 수 없어"라고 완전히 판단을 내리고 포기를 선언했기 때문이다. 따라서 이들에게는 '과거의 성과'를 칭찬함으로써 성공의 기억을 떠올리게 해야 한다.

"지금까지 잘해왔잖아. 앞으로도 충분히 잘할 수 있을 거야."
"다들 자네에게 고마워하고 있어. 그런데 이 정도 가지고 뭐가 힘들다고 그러나. 그때의 자네라면 충분히 할 수 있어."

과거의 성공 경험을 떠올리게 하는 것과 함께 또 하나 중요한 핵심은 앞으로 해야 할 일에 관한 부담감을 감소시켜주는 것이다. 이를 통해 자신감을 가질 수 있기 때문이다.

사람들에게 과거의 추억이란 웬만하면 아름답기 마련이다. 심지어 자신에게 좋지 않았던 기억마저 '오늘의 나를 만든 원동력이 되었다'라며 회상하곤 한다. 이러한 기억에 관한 특징은 바로 이 화법이 가진 강한 힘의 배경이 된다. 따라서 과거의 기억을 회상시켜줄 때는 가능한 한 구체적으로 해주는 것이 좋다. 그렇게 되면 상대 역시 "맞아 그랬지, 그때는 참 좋았다"라며 과거를 쉽게 떠올릴 수 있기 때문이다. 여기에 자신의 말을 더 돋보이게 하려면 "내가 그때 그런 말은 안 했지만~"이라는 자세한 설명을 곁들이는 것이 좋다.

"지난번에 자네가 프로젝트를 성공시켜서 우리가 매우 기뻐했잖아. 내가 그때 말은 안 했지만 속으로 '저 사람 참 대단하다'고 생각했다네."

"그때 말은 안 했지만"이라는 말은 과거 기억을 더욱 아름답게 만들어줄 뿐만 아니라 상대의 과거 능력에 대해 더 많은 칭찬을 해주는 역할을 한다.

사람은 '겉으로 떠벌리는 사람'보다는 '속으로 조용히 생각하고 결단을 내리는 사람'을 더욱 무서워하기 마련이다. 그것이 강한 무게감과 추진력을 갖고 있다고 생각하기 때문이다. '그때 말은 안 했지만'이라는 말 역시 마찬가지다. 조용하지만 강력한 이 말은 칭찬의 힘을 더욱 강하게 한다.

칭찬 효과를 극대화하려면 칭찬도 아껴서 해라

칭찬 효과를 극대화하려면 "즉시 칭찬하라"는 말이 있다. 하지만 지나친 칭찬은 오히려 도움이 되지 않을 수도 있다. 반면, 지나간 칭찬도 충분히 유효할 때가 있다. 예컨대, "그때 말은 안 했지만 속으로~"라는 말을 함께 하면 칭찬의 효과가 훨씬 증폭된다. 그 당시에 말하지 않았다는 사실이 더욱 강한 임팩트를 남기기 때문이다.

마음의 상처를 치유하는 동질감 대화법

"그랬구나! 나도 한때 그런 적이 있어."
"너만 그런 게 아니야. 그러니 너무 자책할 필요 없어."

자신에 관해 실망하고 마음이 힘들어지는 이유는 대부분 '잘못된 판단과 행동' 때문이다. 그러다 보니 이런 마음 상태를 가진 사람을 대하는 사람 역시 참으로 난감하기 그지없다. 그때까지 상대의 판단에 전혀 관여하지 않은 사람으로서 뭐라 할 수도 없을 뿐만 아니라 딱히 조언해줄 말도 없기 때문이다.

그런 사람들의 경우, 우선 그 마음을 치유해줘야 한다. 나무도 튼실한 대지에서 자라나듯 뜨거운 열정의 동기부여 역시 결국 밝고 긍정적인 마음의 토대에서만 생겨날 수 있기 때문이다.

그들에게 가장 필요한 말은 "나도 한때 너와 같았다"는 동질감의 표현이다.

"그랬구나! 나도 한때 그런 적이 있어."

동질감 대화법은 '토크쇼의 여왕'이라고 불리는 오프라 윈프리가 자주 쓰는 표현이기도 하다. "어머! 당신도 그랬군요. 저도 그랬어요!"라는 그녀의 한마디는 상대의 마음을 어루만져 주는 치유의 힘을 갖고 있다. 이 어법이 주는 궁극적인 메시지는 다음과 같다.

"당신만 그런 잘못을 하는 게 아니랍니다. 저도 한때 그랬어요. 지금도 그렇게 하는 사람이 있을 거예요. 그러니 너무 자책할 필요 없어요."

사람들에게는 기본적으로 '군중심리'라는 것이 있다. 자기 혼자만 할 때는 감히 용기가 나지 않다가 다른 사람이 함께했을 때는 생각지도 못한 용기를 내는 것이 바로 그것이다. 그런 점에서 "너도 그랬니? 나도 그랬어!"라는 어법은 일종의 군중심리에 기대는 화법이다. 나만 잘못한 것이 아니라 나처럼 잘못한 사람이 많다는 생각은 자신의 잘못을 조금은 가볍게 만들어주기 때문이다.

그렇다고 해서 반드시 상대와 같은 경험을 했을 필요는 없다. 선의를 위한 '하얀 거짓말'이 있듯이, 자신이 직접 경험한 것은 아니어도 책을 통해서 혹은 제삼자를 통해서 했던 간접 경험을 동원해 상대에게 힘을 주는 것 역시 절대 나쁘지 않기 때문이다. 또한, 그런 말을 통해서 서로 가까워지는 계기를 마련할 수도 있다.

의미 없는 수다는 독에 지나지 않는다

서로의 경험을 나누는 화법은 자칫하면 의미 없는 '수다'로 흐를 수도 있다. 치유와 미래에 관한 새로운 희망으로 대화가 이어지는 것이 아니라 '인생 다 그런 것 아니냐'는 허무주의나 근거 없는 낙관주의로 변질될 가능성이 있기 때문이다. 따라서 과거의 실수와 잘못은 과감히 인정하되, "누구나 그런 일을 충분히 겪을 수 있으며, 중요한 것은 다음부터 그러지 않으면 된다"는 점을 명확히 인식해야 한다.

'객관적'이라는 말을 통해
신뢰성을 확보하라

"자네가 지금까지 해온 일을 다시 한번 객관적으로 살펴보세."
"그건 누구나 다 인정하는 일이야."

마음이 불안하고 힘든 사람들의 공통점 중 하나는 지금까지 자신이 해왔던 모든 성과를 통째로 부정한다는 것이다. 그 하나하나가 자신이 살아왔던 이유이자, 앞으로 살아갈 증거임에도 절망에 빠진 나머지 통째로 그것을 부정하는 것이다. 그 결과, 자존심에 큰 상처를 입는 것은 물론 희망이라고는 보이지 않는 비관적인 상태에 빠진다. 어떻게 보면 '정신적 혼돈' 상태라고 할 수 있다. 자기 자신을 정확히 볼 수 있는 마음의 평정을 잃어버렸기 때문이다.

이런 경우에는 과거를 냉철하게 떠올리게 하고, 그것을 칭찬함으로써 정신적 혼돈 상태를 깨뜨려 다시 마음의 평정을 찾을 수 있도록 해줘야 한다. 또한, '객관적'이라는 말을 계속해서 강조함으로써 말하는 사람의 신뢰성을 확보하는 것 역시 필요하다.

"자네가 지금까지 해온 일을 다시 한번 객관적으로 살펴보세. 예전에는 분명 그걸 해냈지 않나? 누가 봐도 대단한 성과였어. 이것 역시 그것과 크게 다르지 않은데, 왜 자꾸 비관적으로만 생각하는 건가?"
"아무리 객관적으로 봐도 자네 능력은 정말 대단해. 그때도 얼마나 많은 사람이 자네 능력을 칭찬했나? 그건 누구나 다 인정하는 일이야."

이는 일종의 '복원'이라고 할 수 있다. 한 국가의 찬란한 역사가 다시 복원됨으로써 국가 구성원 모두가 자긍심을 갖듯 한 개인의 역사를 복원함으로써 미래를 향해 나아갈 수 있는 용기와 자긍심을 불러일으키는 것이다.

동기부여의 설득력은 객관적인 증거에서 나온다

다른 사람을 동기부여 할 때 주의할 점이 있다. 그가 해왔던 일을 가능한 한 구체적으로 알고 있어야 한다는 것이다. 이야기하고자 하는 과거의 성과가 더욱 구체적이면 구체적일수록 더욱 효과적이기 때문이다. '객관성'은 늘 '증거'와 함께 한다. 증거가 없다면 주관적인 판단에 지나지 않는다. 상대가 잘했던 점을 객관적으로 말하기 위해서는 다양한 증거 자료를 제시해야 한다. 이에 당시 함께했던 사람들의 이야기나 실제로 이뤄낸 성과 등을 구체적으로 제시할 필요가 있다. 마음의 평정을 잃은 사람에게는 주변 사람들의 이야기가 매우 중요한 역할을 하기 때문이다.

굳게 닫힌 마음의 문을 여는 열쇠, 공감과 동의

"자네가 얼마나 고심하고 있는지 잘 알고 있어."
"이 일을 할 사람은 자네밖에 없어."

살다 보면 자신이 감당할 수 없을 만큼 어려운 일을 떠맡는 경우가 적지 않다. 개인적인 일이라면 얼마든지 이를 피할 수 있다. 문제는 조직에서 그런 일을 맡았을 때다.

이런 사람들을 방치하면 일의 결과는 둘 중 하나다. 실망스러운 결과, 아니면 아예 일이 진행되지 않는 경우가 바로 그것이다. 어떤 경우건 치명적이기는 마찬가지다. 그렇다면 그런 사람들에게 새로운 용기를 북돋워 줄 수 있는 희망의 동기부여는 없을까.

힘들어하는 사람에게 "자네의 상황을 충분히 알고 있다"고 말하는 것만큼이나 큰 위로가 되는 말은 없다. 누군가에게 위로받는 것만으로도 마음을 추스를 수 있을 뿐만 아니라 자신의 혼란스러운 상황을 어느 정도 정리해나갈 수 있기 때문이다.

"자네가 얼마나 고심하고 있는지는 잘 알고 있어."
"지금 상황이 꽤 복잡하단 걸 나도 잘 알고 있어."

공감과 동의의 말이야말로 굳게 닫힌 상대의 마음의 문을 여는 첫 번째 열쇠다. 예컨대, 버거운 일을 맡은 사람들은 그렇지 않은 사람들을 보며 불만을 느끼는 경우가 많다. "남의 떡이 더 커 보인다"는 말처럼 남들이 자신보다 편안한 환경에 처해 있다고 생각하기 때문이다.

공감과 동의 다음으로 해야 할 말은 상대의 가능성과 잠재력을 칭찬함으로써 현재 상대가 가진 부담감을 이겨내게 하는 것이다.

"이 일을 할 능력을 갖춘 사람은 자네밖에 없지 않나. 필요한 것은 내가
 지원할게."
"자네가 이 일의 적임자라는 것을 주변 사람들도 모두 인정하고 있네. 이
 일을 하는 데 있어 팀원들의 도움이 필요하면 언제든지 말하게. 내가 최대
 한 협조를 부탁해놓을 테니."

일단 공감의 언어를 통해서 상대의 짐을 함께 덜고 마음의 문을 열었다면 상대의 능력에 관한 평가를 통해 스스로 일에 대해 자부심을 가질 수 있는 말이 필요하다. 그런 점에서 "이 일을 할 사람은 당신밖에 없다"는 말은 용기를 북돋워 주기에 충분하다. 중요한 것은 그 후 실질적인 짐을 덜어줄 수 있는 다양한 조치 역시 약속해야 한다는 것이다. 물론 공수

표가 되어서는 안 되겠지만, "언제든 자네의 부담을 덜어줄 수 있다"는
메시지를 주는 것만으로도 확실히 효과가 있다.

언제나 함께하고 있다고 생각하게 하라

"백지장도 맞들면 낫다"는 말에는 심리적인 효과까지 내재하여 있다.
심리적으로 외로운 사람들은 그렇지 않은 사람들에 비해 자신에게 주어
진 일을 더욱 힘들게 느끼는 경향이 있다. 하지만 '모두 함께하고 있다'
는 마음이 들면 일을 그리 어렵지 않게 느낄 뿐만 아니라 생각보다 쉽게
일을 처리하게 된다.

그런 사람들을 "너 혼자 모두 책임져야 해"라는 내팽개침에 가까운 상태
로 방치해서는 안 된다. "어떤 결과가 나오든 우리가 함께 만들어 가고
있다"는 메시지를 통해 버거운 일도 가볍게 느낄 수 있도록 배려하는 것
이 중요하다.

당신의 인생을 스스로 설계하지 않으면 다른 사람의 계획에 빠져들 가능성이 크다.
문제는 다른 사람이 당신을 위해 계획해놓은 것은 그리 많지 않다는 것이다.

● ● ● **짐 론**Jim Rohn, **미국 성공철학 강사**

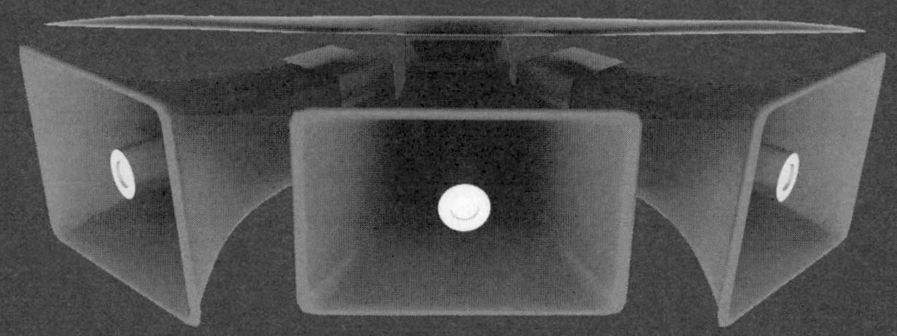

••• 동기부여에도 '촌철살인'이라는 것이 있다. 장황한 논리로 동기부여 하는 것도 나쁘지 않지만, 정신이 번쩍 뜨일 정도의 짧은 말 한마디, 핵심을 건드리는 광고 카피와 같은 단 한 줄의 말로도 사람을 충분히 움직이게 할 수 있기 때문이다. 중요한 것은 얼마나 많은 말을 하느냐가 아닌 상대의 잠재된 욕구에 얼마나 불꽃이 튀게 하느냐이다.

어떻게 말하면
성과를 극대화할 수 있을까

"전체적인 콘셉트는 아주 좋았어. 지금까지 해온 것과 차별화도 되고 말이야.
그리고 우리 이 부분을 한번 보자고."

A라는 사람이 기획안을 제출했다고 하자. 톡톡 튀는 내용도 있긴 하지만, 그다지 차별화되지 않는 내용이 대부분이라면, 사람들은 이렇게 말할 것이다.

"이 부분은 참 좋은데 말이야, 여기는 그다지 차별화가 안 되는 것 같아. 다시 한번 해보지 않겠어?"

분명 칭찬을 하고 있지만, 아주 효과적이지는 않다. '긍정+부정'으로 구성되어 있기 때문이다. 앞이 긍정이고 뒤가 부정이면 결과적으로는 부정인 셈이다. 여기에 부정 접속사 '그런데'가 포함되어 있다. '그런데'는 앞 내용과 상반된 내용을 이끌면서 접속 부사로 쓰인다. 그러다 보니 이야기하는 도중 상대가 '그런데'라는 말을 할 경우, 사람들은 심리적으로

경직되는 경향이 있다. 특히 비즈니스를 논하는 자리일 경우 더욱 그렇다. 상대가 어떤 말을 할지 모르기 때문이다.

앞에서 아무리 많은 칭찬을 해도 부정 접속사를 통해 부정적인 이야기를 시작하면 칭찬의 효과가 그만큼 줄어든다. 칭찬과 관련된 실험 중 다음과 같은 경우가 있다.

1) 처음에는 부정적이다가 시간이 흐를수록 긍정적으로 평가하는 경우
2) 처음에는 긍정적이다가 시간이 흐를수록 부정적으로 평가하는 경우

과연 사람들은 두 가지 중 어떤 것을 더 선호할까. 대부분 사람은 첫 번째를 더 선호했으며, 두 번째의 경우 '기분 나쁘다'는 반응을 보이기도 했다. 그런 점에서 앞서 얘기했던 기획안처럼 처음에는 칭찬하다가 '그런데'라는 부정 접속사를 쓴 후 부정적인 평가를 계속해서 하는 방법은 그리 효과적인 방법이라고 할 수 없다. 그 때문에 이 경우 상대의 기분을 상하지 않게 하려면 '그런데'라는 부정 접속사를 '그리고'라는 접속사로 바꾸는 일이 선행되어야만 한다.

"전체적인 콘셉트는 아주 좋았어. 지금까지 해온 것과 차별화도 되고 말이야. 그리고 이 부분을 한번 보자고. 여기는 조금 더 색다르게 바꿔 보는 게 어떨까?"

'그리고'라는 말을 사용하자 전자와 후자가 완전히 분리되는 느낌이다. 이에 콘셉트가 좋다는 것을 인정했을 뿐만 아니라 칭찬으로 대화가

마무리되었다. 앞서 얘기했던 긍정적인 칭찬 효과는 그대로 남아 있으면서 다른 문제로 이야기가 진행되고 있는 것이다. 따라서 상대에게 동기부여 효과를 충분히 불러일으키는 장점이 있다.

앞뒤 말을 완전히 분리하는 것이 핵심

위 대화에서는 '그리고'를 통해 전후의 말을 완전히 분리하는 것이 핵심이다. 하지만 여기에는 한 가지 전제조건이 있다. 단 몇 초라도 일정한 간격을 두어야 한다는 것이다. 그래야만 앞서 했던 칭찬을 충분히 숙지하게 하고, 이후 제기하는 문제가 전혀 다른 것임을 스스로 인지할 수 있기 때문이다.

칭찬 역시 그냥 '좋다'라고 하는 것보다 더욱 상세하고 구체적으로 하는 것이 좋다. 그래야만 그것이 형식적이지 않고 진심이라는 것을 알 수 있다. 또한, 대화를 끝낼 즈음, 앞서 얘기했던 칭찬을 다시 한번 상기시켜주는 것 역시 좋은 방법이다.

쓴소리와 질책은
반드시 칭찬과 함께해라

"난, 자네의 그런 점이 참 좋아. 그것도 아무나 할 수 있는 게 아니거든."
"자네도 알잖나. 내 역할은 자네를 성공시키는 것이라는 걸."

쓴소리나 질책할 때 가장 중요한 핵심은 '애정 어린 질책', '애정 어린 쓴소리'가 되어야 한다는 것이다. 이것이 가능하기 위해서는 다음 두 가지가 사항이 꼭 필요하다.

먼저, 쓴소리나 질책이 구체적이어야 한다. 뭉뚱그려서 하는 인격적인 비난만큼 상대의 동기를 떨어뜨리는 말은 없다. 자신에 대해 전면적으로 부정하는 듯한 인상을 주기 때문이다. 그 결과, 더는 상대를 위해 노력하거나 호의적인 감정을 갖지 않게 된다. 또한, 쓴소리나 질책을 한 다음에는 반드시 칭찬이 뒤따라야 한다. 하지만 간혹 질책 자체를 받아들이지 못하는 사람들도 있다. 자신에 관해 부정적인 그 어떤 말도 겸허한 자세로 받아들이지 못하는 것이다. 그만큼 변화의 기회가 줄고 자신만의 폐쇄적인 편견에 빠질 위험 역시 크다.

●●● **꾸중이나 질책 후**

A : 네, 잘 알겠습니다.

B : 그래, 자네 장점은 그렇게 자기 잘못을 깨끗이 인정하고 새로 시작

하는 용기 아닌가? 우리 다시 한번 잘 해보세.

A : 네, 열심히 노력해보겠습니다.

B : 난, 자네의 그런 점이 참 좋아. 현실을 인정하고 새롭게 노력하는 자세

도 아무나 할 수 있는 게 아니거든.

그러나 이처럼 현실을 인정함으로써 심리적인 상처를 예방하고 동기
부여를 하는 방법도 있지만, 각자 역할을 분명히 함으로써 질책이나 꾸
중이 더욱 합리적이고 명분 있음을 알리는 방법도 있다.

"이런 말을 받아들여 줘서 참 고맙네. 자네도 알잖나. 내 역할은 자네를
성공시키는 것이라는 걸."

이 말은 이중적인 의미를 지니고 있다. "자네의 성숙한 태도에 감사한
다"는 칭찬의 의미와 함께 "내 말에 적극적으로 반박하거나 딴죽을 걸지
않아서 고맙다"는 의미를 지니고 있기 때문이다. 중요한 것은 그다음이
다. 쓴소리 역시 결국은 "자네를 위한 것이다"는 말을 통해 쓴소리가 주
는 부정적인 감정 유발을 상쇄하고 있기 때문이다.

"내 역할은 자네를 성공시키는 것"이라는 말 역시 매우 중요하다. 사

실 일방적으로 타인을 성공시키는 역할이라는 것은 없다. 그러나 팀이나 조직의 관점으로 확대하면 분명 적확한 말이다. 팀의 성공이 자신의 성공이며, 상사의 지시에 따라 프로젝트를 완수하는 것 역시 결국 자신의 경력에 큰 도움이 되기 때문이다.

병 주고 약 주는 듯한 말은 절대 금물

이런 말을 할 때는 자칫 "병 주고 약 준다"는 느낌이 들지 않도록 해야 하며, 될 수 있으면 진지한 표정과 상대를 배려하는 어투로 하는 것이 좋다. 기껏 욕을 해놓고 "내 말을 받아들여 줘서 고맙다"고 하면 상대에 따라서는 매우 기분이 나쁠 수도 있기 때문이다. 또한, "솔직히 내 말을 잘못 받아들이면 어떨까 걱정을 많이 했어"라든가, "솔직히 내가 그런 말을 들었어도 기분이 매우 나빴을 것 같지만"이라는 말을 통해 상대를 한 번 더 배려하는 것이 좋다.

실망스러운 결과에 대한
간접적인 질책과 배려

"혹시 무슨 일 있었나? 자네가 한 게 아닌 것 같군."
"그간 잘해왔잖아. 무슨 일이 있는지는 모르겠지만, 다시 한번 잘해보자고."

만일 누구보다 믿었던 사람이 당신의 기대를 저버렸다면, 과연 어떤 심정일까. 마음이 매우 복잡해질 것이 틀림없다. 무엇보다도 당장 일이 뜻대로 진행되지 않으면 자신도 모르게 화가 난다. 그렇다고 해서 상대를 무조건 질책만 할 수도 없다.

이럴 때는 상대에게 어느 정도 변명의 여지를 만들어주는 것이 좋다. 지나치게 몰아세우기보다는 어느 정도 빠져나갈 구멍을 만들어주는 것이다. 그러면 상대 역시 어느 정도 명분이 설 뿐만 아니라 자신을 질책하는 사람을 두고 '지나치게 꼬장꼬장한 사람'이라는 생각을 하지 않게 된다.

"솔직히 이건 자네가 한 게 아닌 것 같군. 혹시 무슨 일 있었나? 자네가 이 정도밖에 못 한다는 게 도저히 이해되지 않는군."

이는 결과에 관해 부정하면서 "혹시 무슨 일 있었나?"라는 질문을 통해 책임을 다른 곳으로 돌리는 방법이다. 이렇게 되면 상대가 민망함을 덜 수 있을 뿐만 아니라 자존심의 상처 역시 덜 받게 된다. "자네가 이 정도밖에 못 한다는 게 도저히 이해되지 않는군"이라는 말 속에는 "분명 자네는 이것보다 충분히 잘 해낼 수 있잖아!"라는 우회적인 칭찬의 의미가 숨어 있기 때문이다. 상대의 능력을 충분히 인정하면서 현재의 결과를 부정하는 이중 효과가 있는 것이다. 하지만 그것만으로는 뭔가 좀 부족하다. 따라서 계속해서 상대가 잘했던 일이나 칭찬할만한 기억을 떠올려 분위기를 환기해주는 것이 좋다.

"그간 잘해왔잖아. 무슨 일이 있는지는 잘 모르겠지만, 다시 한번 잘해보자고."

질책이 질책으로만 끝나면 큰 의미가 없다. 질책 역시 새로운 기회와 더 나은 결과를 위해 필요한 하나의 과정에 지나지 않기 때문이다. 따라서 순간적인 감정에 빠져 상대의 잘못을 질책하는 것 자체에만 집중해서는 안 된다. 그런 점에서 "무슨 일이 있는지는 모르겠지만"이라는 말 속에는 과거보다는 미래 지향적인 의미가 내포되어 있어 상대를 배려하는 데 있어 매우 효과적이다.

진짜로 무슨 일이 있었는지 알 필요까진 없다

"무슨 일 있었어?"라고 묻는 것은 진짜로 무슨 일이 있었는지 알고 싶기 때문이 아니다. 상대가 어떤 대답을 하건 상관없다. 대답이 나올 때까지 굳이 기다릴 필요도 없다. 중요한 것은 그것이 아니라 상대의 동기를 떨어뜨리지 않는 것이기 때문이다. 따라서 "무슨 일 있었어?"라고 물은 후 곧바로 다음 이야기로 전환하는 것이 좋다.

10%로 90%를 뒤집는
역발상의 동기부여

"그것만큼은 자네를 따라갈 사람이 없군. 도대체 어떻게 하는 건가?"
"나도 그것을 배웠으면 좋겠군."

장단점은 동전의 양면과도 같다. 그 때문에 누구나 장점이 있으면 단점이 있기 마련이다. 실례로, 어떤 면에서 단점이었던 것이 다른 면에서는 장점으로 보일 수도 있다. 순발력이 없다면 끈기가 있을 것이고, 두뇌 회전이 빠르지 않다면 진지한 면이 있을 것이기 때문이다. 또한, 일의 진행 속도가 느리다면 분명 뭔가를 신중하게 고려하는 능력이 뛰어날 수도 있다. 이렇듯 어떻게 보느냐에 따라 단점이 장점으로 해석될 여지는 충분하다. 중요한 것은 칭찬을 통해 동기부여 하려는 자세다.

"정말이지 진지함만큼은 자네를 따라갈 사람이 없군. 도대체 그런 능력은 어떻게 키우는 건가?"

여기에 다음과 같은 말을 덧붙이면 더욱 좋다.

"나도 그것을 배웠으면 좋겠군."

이는 칭찬 효과를 증폭시켜줄 뿐만 아니라 듣는 사람의 기분을 저절로 좋아지게 한다. 자신이 남을 가르칠 능력이 있다는 점을 인정받고 스스로 자부심을 가질 수 있기 때문이다. 예컨대, '오지랖이 넓은 사람'으로 불리는 이들에게는 다음과 같이 이야기할 수도 있다.

"대인관계만큼은 정말 자네를 따라갈 사람이 없군. 도대체 어떻게 하는 건가? 내게도 그 노하우를 좀 알려줄 수 없나? 나는 대인관계가 엉망이어서 말이야."

이럴 때는 '역발상의 동기부여'가 필요하다. 프로야구 롯데자이언츠 전 감독이었던 제리 로이스터Jerry Royster는 꽤 독특한 동기부여 방법을 구사한 것으로 유명하다. 어떻게 보면 "저것도 칭찬이야?", "너무 민망한 것 아니야?"라고 반문할 정도였다. 예를 들면, 이런 식이다. 타자가 삼진 아웃을 당했다면, 감독 입장에서는 속이 부글부글 끓을 것이 틀림없지만, 그는 이렇게 말했다.

"자신 있는 스윙이 아주 좋았어!"

심지어는 이렇게까지 이야기하기도 했다.

"상대 투수를 아주 잘 괴롭혔어!"

투수가 상대 팀 타자들에게 계속해서 안타를 맞아도 마찬가지였다. 그는 화를 내기보다 오히려 투수를 칭찬했다.

"괜찮아, 구위가 좋으니까 안타를 맞았을 뿐이야!"

알다시피, 야구 경기는 점수에 따라 승부가 결정된다. 이겨야만 '칭찬받을 일'이라고 할 수 있다. 하지만 로이스터는 90%의 잘못된 결과는 아예 제쳐 두었다. 그리고 나머지 10%만 가지고 그 90%를 뒤집는 동기부여 방법을 구사했다. 중요한 것은 그런 칭찬 역시 충분히 효과가 있었다는 것이다.

그는 모든 선수가 특별하고 칭찬받을 만하다고 생각했다. 이에 선수들에게 "한국에는 프로팀이 10개밖에 없는데 그 안에 속했다는 것은 아주 특별한 의미"라고 말했다. 틀린 말은 아니지만, 이미 프로야구 선수가 된 그들에게는 더는 특별한 의미가 아닐 수도 있다. 정작 중요한 것은 '프로팀에 입단했다'가 아니라 '어떻게 하면 여기서 최고가 되느냐'이기 때문이다. 그런데도 그는 늘 관점을 바꿔가며 칭찬할 거리를 의도적으로 만들었다.

물론 그의 칭찬을 칭찬으로 받아들이지 않은 선수도 있었을 것이다. 하지만 그는 그래도 상관없다는 듯이 계속해서 선수들을 칭찬했다. 삼진 아웃을 당한 선수를 향해 감독이 입을 꾹 다물고 있는 것과 "자신 있는 스윙이 좋았어!"라고 말하는 경우를 비교해보자. 선수 자신도 민망한 상황에서 감독의 침묵은 선수의 자신감과 사기를 더욱 떨어뜨릴 것이 뻔하다. 그러나 '그냥 하는 말'일지언정 "자신 있는 스윙이 좋았어!"라는 감독의 말은 훨씬 더 긍정적인 결과를 낳는다. '로이스터'식 칭찬이 효과가 있는 것은 바로 이러한 이유 때문이다.

그의 칭찬은 잘못을 잘한 것으로 포장하는 것이 절대 아니다. 침체하여 있는 상황과 떨어진 사기를 반전시키기 위한 묘책일 뿐이다.

하지만 그가 아주 적나라하게 선수를 꾸짖는 경우도 간혹 있었다. 선수가 자신감이 없어 보일 때, 자신의 능력을 믿지 못할 때, 상대 선수에 관한 근거 없는 공포심을 갖고 있을 때, 그는 선수를 향해 불호령을 내렸다.

그의 칭찬법이 궁극적으로 지향하는 것은 모든 선수의 자신감을 업그레이드하는 데 있었다. 이에 이런 칭찬에 익숙한 사람들은 '결과에 상관없이 최선을 다하면 충분해!'라는 적극적인 도전 의식을 갖는다. 나아가 이러한 자신감은 일은 물론 성과에도 매우 긍정적인 영향을 미치게 된다.

짧고 강렬해야 강한 임팩트를 남길 수 있다

로이스터'식 칭찬은 짧고 강한 것이 특징으로 급속히 다운되는 분위기를 순식간에 반전시키기에 제격이다. 따라서 짧고 강렬하게 한 번만 하고 지나가야만 강한 임팩트를 남길 수 있다. 강한 에너지를 가진 만큼 계속해서 반복하기에는 적절하지 않기 때문이다. 특히 '잘한 10%'로 '잘못한 90%'를 뒤집는 방식인 만큼 과거 일을 또다시 칭찬하는 것은 과거의 잘못을 끄집어내는 것과 같다. 따라서 필요한 순간 딱 한 번만 사용하는 것이 좋다.

잠재된 욕구에
불꽃을 튀게 하는 촌철살인의 말

"자네 제안이 전체적인 방향을 잡아나가는 데 있어 매우 큰 도움이 됐네."
"그때 자네가 지나가면서 했던 이야기가 사실은 큰 도움이 됐어."

팀 업무에 크게 기여하지 못하는 사람들이 간혹 있다. 개인적으로 성
실하지 못한 경우도 있고, 불가피하게 그런 상황이 일어나는 경우도 있
다. 만일 그것이 성실함과 관련된 문제라면 다음 프로젝트를 위해서라
도 반드시 주의를 주고 넘어가야 한다. 하지만 직설적인 질책보다는 그
가 담당했던 일의 의의와 그것을 제대로 진행하지 못했을 때 팀에 미치
는 영향에 관해서 한 번 더 자세히 설명해주는 것이 좋다.

"자네 제안이 전체적인 기획과 결론의 방향을 잡아나가는 데 있어 매우
큰 도움이 됐네. 그러니 다음에도 자네가 가진 능력을 좀 나눠주게. 하지
만 다음에는 좀 더 열심히 해주면 고맙겠네. 그러면 자네 스스로에게도

큰 도움이 될 걸세."

기여하는 바가 거의 없는데도 작은 부분이나마 칭찬을 받게 되면 사람은 자신의 행동을 진심으로 반성하게 된다. 그런 점에서 "다음에는 좀 더 열심히~"라는 말은 적극적인 독려이자, 다소 게을렀던 것에 관한 우회적이면서도 부드러운 질책과도 같다. 특히 성과를 축하하는 자리에서 이런 말을 꺼내면 더욱 좋다.

"이번 프로젝트에서 자네 아이디어가 큰 도움이 됐어. 비록 직접 반영은 안됐지만, 그게 없었다면 계획을 구체화하지 못했을 거야."
"그때 자네가 지나가면서 했던 이야기가 사실은 큰 도움이 됐어. 역시 일은 한 발짝 떨어져서 보는 것도 중요하단 말이야."

동기부여에도 '촌철살인'이라는 것이 있다. 장황한 논리로 동기부여하는 것도 나쁘지 않지만, 정신이 번쩍 뜨일 정도의 짧은 말 한마디, 핵심을 건드리는 광고 카피와 같은 단 한 줄의 말로도 사람을 충분히 움직이게 할 수 있기 때문이다. 중요한 것은 얼마나 많은 말을 하느냐가 아닌 상대의 잠재된 욕구에 얼마나 불꽃이 튀게 하느냐이다.

다음 프로젝트를 위한 긍정적 조언 역시 함께하라

누구나 큰일을 이루고 싶은 욕심이 있다. 비록 이번에는 실력이 부족해서 중요한 일에 참여하지 못했지만, 언젠가는 큰일의 중심에 들어가서 핵심 멤버로 일하기를 원한다.

'작지만 큰 의의' 역시 반드시 칭찬해야 하지만, 다음 프로젝트를 위한 다양하고 실질적인 업무상의 조언 역시 함께하는 것이 좋다. 이렇게 할 때 '작지만 큰 의의'에 대한 칭찬 역시 더욱 빛을 발하고 다음을 기약할 수 있기 때문이다.

상사를 칭찬할 때는
구체적인 사실을 중심으로

"부장님께서 소비자 심리를 제대로 파악했기에 성공할 수 있었습니다."
"저 역시 그렇게 생각합니다. 지극히 당연한 말씀입니다."

쓴소리는 윗사람이 아랫사람에게 주로 하지만 아랫사람이 윗사람에게 할 수도 있다. 물론 이때는 쓴소리라기보다 '겸손한 조언 및 충고' 정도로 그 뉘앙스가 순화되기 마련이다. 그러나 뭔가 잘못하고 있는 사람에게 교정 방향과 수정 사항을 알려준다는 점에서 쓴소리와 크게 다르지 않다. 중요한 것은 그것이 '항명'이나 '반발'로 들리거나 보여서는 안 된다는 것이다. 따라서 조언과 충고를 하기 전에 상사의 제안이나 계획, 진행 상황에 관해 충분히 인정하고 수긍하는 자세가 필요하다.

당연히 칭찬 역시 거기에 포함된다. 하지만 여기에는 하나의 딜레마가 존재한다. 많은 사람이 '상사나 사회적으로 존경받는 사람은 아랫사람으로부터 칭찬받는 것을 그다지 신경 쓰지 않는다'라고 생각한다는 것이다. 하지만 이미 많은 사람으로부터 공로를 널리 인정받은 사람의 경우 아랫사람이 칭찬하는 것 자체가 민망하게 여겨질 수도 있다. 또한, 그것 자체가 아랫사람의 도리를 넘어서는 일이기도 하다. 그러나 이 역시 하나의 편견에 불과하다는 것이 전문가들의 공통된 주장이다.

세계적인 심리학자 아서 I. 게이츠Arthur I. Gates 박사는 그의 저서《교육심리학》에서 이렇게 말한 바 있다.

"인간은 누구나 동정심을 갈망한다. 어린이는 동정을 받고자 상처를 보여주고 싶어 하며, 일부러 상처를 입기도 한다. 어른 역시 마찬가지다. 자신이 겪은 상처나 사고, 질병, 수술 과정까지도 자세히 설명하려고 한다. 이렇듯 자기 연민은 실제이건 상상이건 간에 모든 인간이 공통으로 느끼는 것이다."

자기 연민이 '모든 인간'이 느끼는 공통적인 감정이라면, 연장선에 있는 '성공에 관한 칭찬' 역시 모든 인간이 느끼는 공통적인 감정일 수밖에 없다. 실제로 자기 자신에 관한 강한 자부심이 있는 사람일수록 자신에 관한 칭찬이 적어지면 왠지 불안해한다고 한다. 따라서 윗사람의 자기 연민에 충분히 공감하는 것은 물론 성과를 칭찬하는 데 있어 결코 어색해할 필요는 없다.

"지난번에 큰 성과를 낼 수 있었던 건 부장님께서 몇 번씩 소비자와 미팅
을 해서 그들의 심리를 제대로 파악했기 때문입니다."
"저 역시 그렇게 생각합니다. 지극히 당연한 말씀입니다."

일단 윗사람에게 공감 어린 칭찬을 하면 상대는 심리적으로 자존감이

높아지면서 편안한 상태가 되고 '오픈 마인드'가 된다. 똑같은 말이라도 심리적으로 편안한 상태에서 듣는 것과 불쾌하고 짜증이 나 있는 상태에서 듣는 말은 확연하게 차이가 난다. 따라서 편안한 상태를 만든 후 조언을 하면 훨씬 더 잘 받아들이게 된다.

칭찬이 '아부'나 '아첨'으로 오해받지 않으려면

충분히 칭찬하고 공감할 수 있는 부분에 관해서 말했는데도 정작 주변에서는 '아부'나 '아첨'으로 오해할 수도 있다. 이를 피하려면 칭찬을 지나치게 자주 해선 안 된다. 어쩌다 한번 칭찬하는 사람과 늘 칭찬하는 사람에 관한 이미지는 확연하게 차이가 나기 때문이다. 또한, 윗사람을 칭찬할 때는 구체적인 사실을 중심으로 해야 한다.

여러 번 언급했지만, 대화에 있어서 구체성은 아무리 강조해도 지나치지 않다. 진심 어린 칭찬과 아부를 가르는 결정적인 기준 역시 바로 구체성에 있다. 구체성은 상대가 얼마나 진지하게 해당 사안에 관해 생각했으며, 공정한 평가를 하고 있는지에 대한 하나의 기준이 될 수 있기 때문이다.

까다로운 사람을
스스로 움직이게 하는 법

"자네의 꼼꼼함 때문에 업무 결과가 늘 퀄리티 높다는 이야기를 듣네.
시간을 지키는 것도 중요하지만, 퀄리티가 낮으면 아무 소용없는 것 아닌가."

회사 생활을 하다 보면 까다로운 성격을 지닌 사람을 가끔 만나게 된다. 이른바 친화력이 부족하거나 자기주장이 너무 강한 사람들로, 그들은 타인과의 부드러운 관계보다는 자신의 기준과 취향, 정서를 더 소중하게 여긴다. 그러다 보니 많은 사람과 원만하게 지내지 못하는 경향이 있다.

그런 사람들을 대하는 방법 역시 그리 만만치 않다. 상대의 기준과 취향을 맞추면 얼마든지 친하게 지낼 수도 있지만, 그게 말처럼 절대 쉽지 않기 때문이다.

자신만의 확실한 기준과 취향이 있다는 건 일에 있어서도 '자신만의 독특한 그 뭔가'가 있다는 것이다. 문제는 그런 사람들일수록 일반적인 명령과 지시가 잘 통하지 않는다는 것이다. 자신만의 확고한 기준과 취향에 들어맞지 않으면 아무리 높은 상사의 명령이라도 쉽게 복종하지 않기 때문이다. 과연 이들을 효과적으로 동기부여 하는 방법은 없을까.

그런 사람들은 부정적인 성향을 긍정적으로 바꾸어 칭찬하는 것이 좋다. 예컨대, 성격이 까다롭고 융통성이 떨어지는 사람이라면 이렇게 말할 수 있다.

"자네의 꼼꼼함 때문에 업무 결과가 늘 퀄리티 높다는 이야기를 듣네. 시간을 지키는 것도 중요하지만, 아무리 시간을 지켜도 퀄리티가 낮으면 아무 소용없는 것 아닌가."

위 말을 다양한 곳에 응용할 수 있다. '자신에게는 도움이 되지 않는 일에 나서는 오지랖 넓은 사람'은 '적극적이고 활달해서 좋은 인간관계를 유지하는 사람'으로 뒤집어 생각할 수 있으며, 남의 말을 잘 듣지 않고 자신의 고집대로 하는 사람이라면 '소신이 뚜렷하고 자신의 선택을 믿고 따르는 사람'으로 해석할 수도 있다.

중요한 것은 '동기부여'다. 부정적인 면만 계속해서 강조하면 동기부여가 될 수 없다. 그런 점에서 동기부여는 부정적인 면도 긍정적으로 뒤집어 보는 시각이 매우 중요하다고 할 수 있다.

부정적인 면도 긍정적으로 뒤집어 보라

부정적인 면에서 긍정적인 면을 끌어내는 것은 상대에게 자신을 새롭게 발견할 기회를 줄 뿐만 아니라 서로 친근감을 높이는 방법이다. 대부분 사람이 자신의 부정적인 면을 부정적으로만 평가절하하고 있을 때, 이를 뒤집어 긍정적으로 해석하고 용기를 북돋워 주면 '나를 알아주는 사람이 있다'는 생각을 가질 수 있기 때문이다. 나아가 이는 상대에 관한 호감으로 이어지게 된다.

인간은 자신이 원하는 만큼 위대해질 수 있다. 자신을 믿고 용기, 투지, 헌신, 경쟁력 있게 일을 추진한다면, 나아가 가치 있는 것들을 위한 대가로 작은 것을 희생할 용기가 있다면 누구나 자신이 원하는 만큼 위대해질 수 있다.

●●● 빈스 롬바르디Vince Lombardi, 미국 프로 미식 축구팀 〈Green Bay Packers〉 감독

●●● 불평불만을 계속해서 제기하는 것은 자신의 행위로 인해 뭔가 개선의 여지가 있다고 생각하기 때문이다. 따라서 사전에 이를 철저하게 차단하게 되면 상대 역시 불평불만을 제기하는 횟수가 점점 줄어들게 된다. 그러자면 '일단 결정되었다는 사실'과 '되돌릴 수 없음'을 확실히 못 박아야 한다. 하지만 여기에는 하나의 전제조건이 있다. 대안을 함께 제시해야 한다는 것이다. 따라서 "설령, 결함이 있더라도 충분히 극복할 수 있다"는 말과 함께 "긍정적인 힘을 좀 모아달라"며 진심 어린 부탁을 하는 것이 좋다.

어떻게 말하면
불평불만을 잠재울 수 있을까

"신중하게 생각해줘서 고마워. 하지만 진행하기로 한 이상 되돌릴 순 없어."
"자네 의견에 맞춰서 좀 더 긍정적인 에너지를 불어 넣어보는 건 어떨까?"

팀 또는 조직 차원에서 이미 결정된 일에 계속해서 반대를 일삼는 사람이 있다고 하자. 백이면 백, 모두 짜증 나는 일임이 틀림없다. 반대 자체가 나쁜 것은 절대 아니다. 긍정적인 반대는 팀과 조직의 발전을 위해서도 어느 정도 필요하기 때문이다.

중요한 것은 그 시점이다. 반대하려면 뭔가를 결정하기 전에 해야 하며, 건전한 커뮤니케이션을 통해 사전에 이를 활발하게 논의해야 한다. 그렇지 않은 반대, 즉 일의 진행 과정에서의 무조건적인 반대는 팀원의 사기를 떨어뜨리는 것은 물론 일의 진행을 방해할 뿐이다. 그러니 그런 사람들에게 "왜 자꾸 쓸데없는 이야기를 하냐?"라며 타박해봤자 헛수고에 지나지 않는다. 그들 입장에서 자신들의 이야기는 '쓸데없는 이야기'가 아니라 '너무도 중요한 이야기'이기 때문이다. 따라서 그들을 설득하려면 그들의 생각이 지닌 '가치'를 우선 인정할 필요가 있다.

"신중하게 생각해줘서 정말 고마워. 하지만 일단 진행하기로 한 이상 여기서 되돌릴 순 없어. 비록 어렵겠지만 함께 힘을 모으면 충분히 극복할 수 있을 거야. 그러니 우리 좀 더 긍정적인 방향으로 힘을 모으는 게 어떨까?"

이 말의 핵심은 상대의 태도가 '신중한 태도'라고 칭찬하는 것이다. 보기에 따라서는 그들의 불평불만이 정말 '신중한 태도'일 수도 있다. 불평불만을 계속해서 제기하는 것은 자신의 행위로 인해 뭔가 개선의 여지가 있다고 생각하기 때문이다. 따라서 사전에 이를 철저하게 차단하게 되면 상대 역시 불평불만을 제기하는 횟수가 점점 줄어들게 된다. 그러자면 '일단 결정되었다는 사실'과 '되돌릴 수 없음'을 확실히 못 박아야 한다. 하지만 여기에는 하나의 전제조건이 있다. 대안을 함께 제시해야 한다는 것이다. 따라서 "설령, 결함이 있더라도 충분히 극복할 수 있다"는 말과 함께 "긍정적인 힘을 좀 모아달라"며 진심 어린 부탁을 하는 것이 좋다.

"자네가 이 프로젝트에 관심이 아주 많다는 걸 알고 있네. 그래서 상당히 많은 생각을 하고 조언을 해주는 것 아니겠나. 그러니 그만큼 결함이나 부족한 점 역시 많이 보이겠지. 하지만 이미 결정된 사항을 되돌릴 순 없네. 지금은 부족한 점을 지적할 때가 아니라 모두 하나가 되어서 반드시 성공을 끌어내야 할 때가 아니겠나?”

상대 의견을 충분히 들어주면서 전면적으로 재검토해보자고 제안하는 것 역시 좋은 방법이다.

“그래, 좋아. 돌다리도 짚고 건너라고 했잖아. 우리 다시 처음으로 돌아가 보자고. 그리고 자네 의견에 맞춰서 다시 한번 좀 더 긍정적인 에너지를 불어 넣어보는 게 어떨까?”

이렇게 말한다고 해서 지금까지 진행된 프로젝트와 회사의 결정을 완전히 뒤집는 건 아니다. 다만, 상대가 자신의 의견이 충분히 받아들여졌다는 느낌이 들도록 다시 한번 기회를 주자는 의미다. 그러면 상대 역시 자신의 의견이 받아들여지지 않는 데서 오는 서운함을 없앨 수 있을 뿐만 아니라 충분한 동의를 통해 더는 불평불만을 제기하지 않는 효과를 얻을 수 있다.

“돌다리도 짚고 건너라”는 말은 누구나 인정하는 것이자, 일하는 데 있어서 꼭 필요한 자세이기도 하다. 그런 점에서 처음부터 되짚어 보는 중에 상대가 의욕적으로 나온다면 프로젝트를 재점검하는 좋은 기회로 삼으면 되고, 그렇지 않으면 그의 불평불만이 다른 이들에게 옮겨지는 것을 막아 팀원 모두가 최종적으로 긍정적인 힘을 쏟는 계기로 삼으면 된다.

하지만 “다시 처음으로 되돌아가 보자”라는 말이 “그래? 그럼 네가 한번 해봐!”라는 말로 들려서는 곤란하다. 상대에게 떠맡기는 식이 되어서는 안 되기 때문이다. 상대의 의견을 무시하지 않고 호의적으로 받아들이고 있다는 것을 보여주는 것만으로도 충분하다.

결정을 번복할 수 없는 구체적인 이유를 제시하라

'이미 결정된 사안'임을 주지시킬 때는 더욱 확실한 근거를 제시할 필요가 있다. 예컨대, 불평불만을 제기하는 이들에게 '모든 임원이 동의한 상황', '사장님께서 확고하게 추진하려는 일'이라는 등의 구체적인 근거를 대면 그들 역시 동의할 가능성이 높다. 앞서 말했다시피, 그들은 뭔가 '되돌릴 여지'가 있기 때문에 지속해서 불평불만을 제기하는 것이다. 따라서 이를 완전히 차단할 확실한 근거를 제시해야 한다.

불평불만을 제기하는 사람을
역이용하는 법

"그렇다면 자네가 제안할 방법에 관해서 구체적으로 말해줄 수 있겠나?"
"우리 회의를 통해서 그 의견을 긍정적으로 발전시켜보는 건 어떨까?"

앞서 '어떤 일이 결정된 후'에 제기하는 불평불만을 처리하는 법에 관해서 알아보았다. 하지만 불평불만의 상당수는 일이 진행되는 과정에서 나타난다. 팀이나 조직의 결정에 동의하지 않는 사람들이 사사건건 문제를 제기하며 불평불만을 일삼기 때문이다.

그들은 자신의 불평불만이 충분히 효력을 발휘할 것으로 생각할 뿐만 아니라 자신의 의견을 받아들이지 않는 사람들을 향해 "나의 가치 있는 문제 제기를 왜 받아들이지 않는 거지? 이 회사에는 나보다 똑똑한 사람이 하나도 없단 말이야?"라는 비뚤어진 자부심을 가질 가능성이 농후하다. 과연 그런 사람들은 어떻게 대해야 할까.

그들의 생각을 인정함과 동시에 문제 해결을 위한 대안을 제시해달라고 역으로 제안하는 것이 좋다.

"자네가 지적한 문제는 정말 중요할 뿐만 아니라 충분히 일리 있네. 그래서 말인데, 자네가 제안할 방법에 관해서 구체적으로 말해주거나 도움을 줄 조언을 해줄 수 있겠나? 이 일을 해결하려면 실질적이고 현실적인 대안이 필요하다는 것을 누구보다도 자네가 잘 알고 있으니까 말이야."

그렇게 되면 처음부터 상대의 가치를 충분히 인정해야 한다. 문제는 그다음이다. 불평불만이 있다면 나름대로 뭔가 생각하고 있을 가능성이 크기 때문이다. 이에 실제로 유의미하고 효과적인 대안을 제시할 수도 있다.

유의미한 대안이 나왔을 때는 충분히 반영하면 된다. 하지만 그렇지 않을 때는 구체적인 근거를 제시하며 반박하는 것이 좋다. 중요한 것은 반박 방법이다. 개인적인 자리에서 개인적인 차원으로 반박하면 상대가 수긍하지 않을 가능성이 높기 때문이다. 따라서 공식적인 회의 안건으로 제시한 후 가급적 많은 사람에게 공개적인 검증을 받을 필요가 있다. 그러다 보면 더욱 개방적인 상황에서 자기 생각을 수정할 가능성이 높다. 일단 '수적으로 밀리는 상황'이 연출되면 지속해서 자신의 주장을 펼치기가 쉽지 않기 때문이다.

하지만 안건 상정이 '공개 재판'이라는 뉘앙스를 줘서는 안 된다. "그래? 그럼 다 같이 이야기해서 제대로 한번 검증을 받아 보자고!"라는 느낌을 줘서는 안 되는 것이다. 따라서 다음과 같이 말하는 것이 좋다.

"그렇군. 충분히 일리가 있네. 하지만 나 혼자서 결정할 문제는 아닌 것 같군. 우리 회의를 통해서 다 함께 그 의견을 긍정적으로 발전시켜보면 어떨까?"

이때 상대가 "뭐 굳이 그럴 필요까지 있겠어?"라며 한 발 물러서는 태도를 보이면 그것으로 끝내면 된다. 만일 그 후에라도 다시 문제를 제기하면 "그때 자네가 그렇게 말했잖아"라고 말하면 된다. 그러나 안건을 회의에 올리길 원한다면 공개적인 절차에 따라 그것을 처리해야 한다.

간혹 엉뚱한 문제를 제기하는 경우도 있다. 자신에게는 신선하고 꼼꼼한 문제 제기지만 다른 이들에게는 전혀 그렇지 않은 경우가 바로 그것이다. 이 경우 역시 속으로는 '생각해볼 가치도 없는 문제 제기'라고 생각하더라도 상대를 일방적으로 무시하면 더 큰 불평불만을 유발하게 할 수 있으므로 문제 제기의 가치를 인정할 필요가 있다.

"가끔 자네 질문들은 우리가 미처 생각하지 못했던 점을 일깨워주더군. 좋아, 그럼 자네의 그 문제의식으로 이 일을 좀 더 확실하게 할 방법을 찾아주면 안 되겠나?"

이처럼 "당신의 문제 제기는 우리가 미처 생각하지 못했던 것'이라고 칭찬할 필요가 있다. 그 후 그가 가진 문제의식을 적극적으로 반영해주겠다는 과정을 제안하는 것이다.

상대의 문제 제기에 대한 가치를 인정하는 또 다른 방법도 있다.

"사람들이 자네의 의미심장한 제안에 매우 관심 있어 하더라고. (또는 사
람들이 자네의 의견에 상당히 흥미로워하더라고.) 그럼, 자네가 이 일이
좀 더 잘되도록 진행해줄 수 없겠나?"

불평불만과 창의성은 동전의 양면과도 같다

불평불만 자체를 부정적으로 볼 필요는 없다. 때로는 불평불만이 창의성
의 에너지가 되기 때문이다. 그런 점에서 현재에 만족하고, 어떤 문제 제
기도 하지 않는 사람은 어떤 변화나 새로운 미래도 만들 수 없다. 문제는
불평불만이 창의성으로 폭발하는 그 순간이 외부에서 주어져야 한다는
것이다. 홀로 불평불만을 끊임없이 제기한다고 해서 창의성으로 질적인
전환이 반드시 이뤄지는 것은 아니기 때문이다. 그런 점에서 동기부여가
얼마나 중요한지 스스로 깨달을 필요가 있다.

대안도 없으면서
새로운 것만 요구할 때

"자네 말처럼 더 좋은 아이디어가 있다면 더 바랄 게 없지. 하지만
지금 우리에게 필요한 건 현 상태를 개선하는 구체적인 방법이야."

회의를 하다 보면 "좀 더 좋은 아이디어 없어?", "그 정도 갖고 되겠
어?"라는 말을 습관적으로 내뱉는 사람들이 간혹 있다. 이런 말이 짜증
을 불러일으키는 이유는 특별한 대안도 없으면서 무조건 새롭고 좋은
것만 원하기 때문이다.

누구나 항상 '특별한 아이디어', '놀라운 아이디어'를 내놓고 싶어 한
다. 문제는 그것이 뜻대로 안 된다는 것이다.

추상적인 기준에 따라 반복적으로 말하는 것 역시 똑같은 반응을 유
발한다. "참신한 내용이 필요하다"라는 말이 가장 대표적이다. 누구나
참신한 내용이 필요하다는 것을 알고 있다. 이에 그것을 얻기 위해 수많
은 노력을 하고, 부지런히 애쓰지만, 애초 기대했던 만큼의 성과를 달성

하지 못해 고민하곤 한다. 이럴 때는 과연 어떻게 해야 제대로 된 동기 부여를 할 수 있을까.

이럴 때일수록 칭찬과 함께 적절한 제재 수단이 필요하다.

"자네 말처럼 더 좋은 아이디어가 있다면 더 바랄 게 없지. 하지만 지금 우리에게 필요한 건 현 상태를 개선하는 구체적인 방법이야. 자네 생각은 어때?"

'좋은 아이디어'에 동의하지 않을 사람은 없다. 그러므로 그런 이야기를 하는 사람에게는 "그런 아이디어가 있으면 좋지"라는 말을 통해 충분히 동의를 구할 필요가 있다. 하지만 끊임없이 '훌륭한 아이디어'만 찾다 보면 일의 결과가 처음 생각과 완전히 다를 수도 있음을 알아야 한다. 따라서 무조건 훌륭한 아이디어만 찾기보다는 단계적으로 개선점을 찾아 나가면서 또 다른 신선한 아이디어를 찾는 것이 더욱 효과적이다. 또한, 끊임없이 '새로운 아이디어'만 연발하는 사람들은 '현재 시점에서 우리에게 절실하게 필요한 것'이라는 말을 통해 하늘 위에 떠 있는 시선을 구체적인 현실로 내려놓게 해야 한다.

불평불만을 일삼는 사람들의 진짜 속마음

불평불만을 일삼는 사람 중에는 실제로 프로젝트에 문제가 있어서 그런 행동을 취하는 것이 아니라 단순히 자신의 존재를 어필하거나 자신의 중요성을 확인받고 싶어서 그러는 경우가 많다. 이를 판별하는 기준은 여러 가지다. 그중 가장 중요한 것은 그들의 불평불만이 '누구의 관점에서 말하는 것인가'와 '얼마나 본질적인 문제인가'이다.

만일 그들의 불평불만이 소비자 혹은 고객의 관점이라면 충분히 그들의 의견을 수용할 필요가 있다. 이 경우 앞서 말했던 것처럼 그들의 불평불만이 창의성을 위한 발전의 원동력이 될 수도 있기 때문이다. '본질적인 면'에 있어서 역시 마찬가지다. 해당 프로젝트의 본질적인 의의를 잊지 않는 불평불만이라면 어느 정도 타당성이 있다.

그러나 이 두 가지 문제에서 벗어나는 불평불만은 말 그대로 의미 없는 불평불만일 가능성이 높다. 따라서 이런 경우에는 그들의 의견을 충분히 들어주는 선에서 만족해야 한다. 그것만으로도 그들은 만족감을 느끼고 더는 불평불만을 제기하지 않을 것이기 때문이다.

의사결정을 방해하는 사람을
역이용하는 법

"역시 자네는 항상 신중하군. 그런 자세가 일의 완성도를 높이는 법이지.
그렇다면 구체적으로 이 일의 완성도를 높이는 방법에는 뭐가 있을까?"

팀 단위 작업은 대부분 팀원 전체의 동의에 따라 진행된다. 그런데 중요하거나 최종적인 결정을 앞둔 상태에서 일부 팀원이 선뜻 동의하지 않는 상황이 발생하기도 한다. 비록 팀원 모두가 동의한다고 해서 그것이 최선의 결과를 보장한다고 할 수는 없지만, 일이 매끄럽게 진행되기 위해서는 팀원 모두의 동의와 함께 한번 결정된 것은 큰 문제가 없는 한 다시 번복해선 안 된다.

하지만 일을 주도했던 팀원에 관한 개인적인 감정을 담아 의도적으로 동의를 지연시키는 경우도 간혹 있다. 팀의 관점에서 봤을 때 여간 짜증이 나는 일이 아니다. 이때는 상대의 입장과 태도를 일컬어 '더욱 신중한 자세'라고 칭찬함과 동시에 전체 결과물의 수준을 높이는 방향을 제시해달라고 역제안하는 것이 좋다.

"역시 자네는 항상 신중하군. 그런 자세가 일의 완성도를 높이는 법이지.
그렇다면 구체적으로 이 일의 완성도를 높이는 방법에는 뭐가 있을까?"

일의 완성도를 높인다는 말에 반대할 사람은 거의 없다. 따라서 상대
가 제안하는 내용을 충분히 받아들인 후 완성도를 높이기 위한 구체적
인 방법을 요구하는 것이 좋다. 그렇게 하면 상대에게 해당 사안에 관
해 충분히 생각할 수 있는 시간을 줄 수 있을 뿐만 아니라 팀 단위 결정
의 신중함 역시 높일 수 있기 때문이다. 문제는 간혹 자기 생각이 완전
히 정립되지 않아 중언부언하는 사람이 있다는 것이다. 이런 경우 대부
분 심리적인 문제를 안고 있는 경우가 많다. 하지만 그것이 어떤 경우건
간에 대화의 초점을 모으고, 더 나은 대화를 위한 돌파구를 찾아내는 것
이 중요하다.

"다양한 관점에서 여러 이야기 해줘서 정말 고맙네. 그런데 내가 더 쉽게
이해할 수 있도록 요약을 좀 해주면 안 되겠나?"
"자네 이야기를 듣다 보니 내가 미처 생각하지 못한 면도 많군. 전체적인
관점으로 접근해주니 정말 고마워. 그럼 우리 하나하나 차근히 문제를 풀
어보세. 일단, 가장 시급한 문제가 뭐지?"

중언부언은 자기 생각과 의견이 채 정리되지 않았다는 것이다. 따라
서 "차분하게 하나씩 해결해 나가자"는 말을 통해 상대를 충분히 설득

해야 한다.

적절한 칭찬과 동기부여를 통해 균형을 찾게 하라

무의미한 불평불만을 일삼는 사람들과 커뮤니케이션 할 때 주의할 점이 있다. 그들이 가진 뿌리 깊은 습관을 단숨에 바꿀 수 있으리라고 생각해선 안 된다는 것이다. 그것은 오랜 시간에 걸쳐 형성되었을 뿐만 아니라 매우 심층적이고, 심리적인 문제가 복합적으로 연관되어 있기 때문이다. 따라서 그들의 불평불만에 적절한 칭찬과 동기부여를 함으로써 균형을 찾게 해야 한다. 또한, '부정적인 불평불만이 타인에게 어떤 영향을 미치는지'에 관해 함께 이야기할 필요도 있다. 그들의 생각 습관 전부를 바꿀 수는 없어도 최소한 타인에게 자기 생각을 무절제하게 말하는 습관은 어느 정도 교정할 수 있기 때문이다.

추상적인 계획을
구체적으로 바꾸려면

"정말 흥미로운 아이디어로군. 현실에 적용할 방법도 함께 생각해주지 않겠나?"
"좋아, 조금만 더 정교하게 다듬으면 훨씬 더 완벽해지겠어."

어떤 제안을 받았지만 충분한 근거가 없을 뿐만 아니라 구체적인 계획 역시 없는 경우가 있다. 이에 대한 상대의 태도는 크게 두 가지다. 자신 역시 이를 충분히 알고 있어 "아직 초안에 불과하다"라며 겸손해하거나, "내 아이디어 괜찮지 않냐?"며 무조건 다그치는 것이 바로 그것이다. 과연 이럴 때는 어떻게 해야 할까.

가장 좋은 방법은 상대를 안정시키고, 더욱 진전된 제안을 할 수 있도록 유도하는 것이다.

"정말 흥미로운 아이디어로군. 현실에 적용할 방법도 함께 생각해주지 않겠나?"

"좋아, 조금만 더 정교하게 다듬으면 훨씬 더 완벽해지겠어."

이런 사람들과 대화할 때는 "도통 무슨 말인지 모르겠어!"라거나 "그렇게 어려운 이야기는 들어보나 마나 뻔해"라는 등의 부정적인 반응보다는 '흥미롭다'는 긍정적인 태도를 보이는 것이 좋다. 간혹 그것을 가식이라며 거부 반응을 보이는 사람이 있지만, 흥미를 보이는 것 자체를 가식적이라고 생각할 필요는 없다. 아무리 비현실적이고 황당한 아이디어라도 그 안에서 중요한 실마리를 찾아낼 수 있기 때문이다.

중요한 것은 '구체적인 내용'을 넘어 '현실에 적용할 수 있는 방법'이다. 그 때문에 모든 아이디어와 제안은 상대의 제안이 발전할 수 있는 가장 정확한 방향을 제시할 필요가 있다.

부족한 부분이 뭔지 구체적으로 얘기하라

"더욱 구체적인 계획을 세워봐"라고 말하긴 했지만, 상대가 어떤 부분에 중점을 둬야 하는지 잘 모르는 경우가 있다. 이미 자신은 계획을 세운다고 세웠기에 부족한 부분이 뭔지 파악하기가 쉽지 않기 때문이다. 따라서 그런 사람에게는 두루뭉술하게 업무를 지시할 것이 아니라 원하는 것이 뭔지 확실하게 지적해줘야 한다. 어떤 부분에서 어떤 계획이 필요하다는 것을 알려주면 상대가 자신의 계획을 수정하기가 훨씬 더 쉽기 때문이다.

최악의 상황에 필요한
최후의 강공책

커뮤니케이션에서 최악의 상황은 상대가 전혀 협조하지 않거나 정면으로 반박하는 경우다. 이때 이성을 잃은 나머지 지나치게 감정적으로 대응하면 돌이킬 수 없는 상황을 만들 수 있다. 만일 관계를 끝내도 되는 사이라면 상관없지만, 그렇지 않은 경우라면 최대한 수습하면서 사태를 안정시켜 나가야 한다. 그렇다고 해서 일방적으로 상대에게 끌려다녀선 안 된다. 팀이나 조직의 이익과 관련된 것이라면 더더욱 그렇다.

앞서 상대의 불평불만을 효과적으로 대하려면 상대 이야기의 가치를 인정하고 조그만 것이라도 칭찬하라고 말한 바 있다. 하지만 상황이 최악으로 치달을 경우에는 그것으로도 제어되지 않을 수 있다. 이 경우 최후의 강공책을 사용해야 한다.

"왜 그러는지 나한테 이야기 좀 해주지 않겠나? 지금까지 동료들과도 잘 해왔고, 고객들 역시 자네를 무척 좋아하지 않나. 나는 그런 자네를 정말 잃고 싶지 않다네."

이 말 속에는 두 가지 극단적인 상황이 담겨있다. 하나는 '나는 당신을 잃을 수도 있다', 즉 '회사가 당신을 버리거나, 내가 당신을 버릴 수도 있다'는 의미와 함께 '그런 상황에 이르면 더는 당신을 붙잡기 힘들다'는 의미를 내포하고 있다. 동시에 '당신이 살아남고 싶다면 내게 협조하라'는 의미도 담고 있다. 그러나 전반적인 뉘앙스 자체는 '자네는 내게 무척 소중한 존재다'라는 것이다. 이것이 바로 최악의 상황에서 필요한 최후의 강공책이다.

주의할 점이 있다면, 이 말이 자칫 협박으로 들리지 않아야 한다는 것이다. 자칫하면 "그렇게 내 말 안 듣다가는 잘리는 수가 있어!"라는 우회적인 협박으로 들릴 수도 있기 때문이다. 이런 위험성을 낮추려면 상대를 잃을 수도 있는 객관적인 상황을 강조할 필요가 있다. 예컨대, "회사 규정상 어쩔 수 없이 문제를 일으킨 사람에게는 제재가 가해질 수밖에 없다"라거나 "윗사람 귀에 들어가면 그때는 누구도 도울 수 없다"는 말을 함께 전하는 것이다. 조직 차원에서 가해지는 어쩔 수 없는 조건을 강조하는 것이다.

그런 상황이 발생하는 것에 대한 안타까움과 그에 앞서 당신에게 서둘러 충고하고 있다는 '진심'을 전달하는 것이 이 커뮤니케이션의 핵심이다.

상대의 스타일을 먼저 파악하라

위에서 말한 내용은 지금까지 나왔던 내용 중 가장 강한 압박 수위를 보여준다. 표현과 전달은 부드러울지 몰라도 그 내용으로만 보면 퇴사를 전제로 한 내용이기 때문이다. 이 경우 가장 중요한 것은 상대의 스타일을 먼저 파악해야 한다는 것이다. 만일 당장 회사를 그만둬도 잃을 것이 없거나, 다른 회사에 취직을 원한다면 이와 같은 방식은 전혀 효과가 없다. 끓는 불에 기름을 붓는 것과도 같기 때문이다.

직언에 대처하는
올바른 자세

"이렇게까지 솔직하게 이야기해줘서 정말 고맙네."
"그렇게 명쾌하게 이야기해줘서 정말 고맙네."

어떤 문제에 관해서 상대가 정면에서 직언하고 나서면 과연 어떻게 될까. 당황한 나머지 원치 않은 커뮤니케이션 장애가 발생할 수도 있다. 상대의 말에 정면으로 반박하자니 대화가 제대로 이루어지지 않고, 대응하지 않자니 또 다른 문제를 일으킬 수 있기 때문이다.

이 경우 상대의 직언을 우선 긍정적으로 평가하고, 그가 불만족스럽게 생각하는 부분을 함께 해결해 나가는 것이 좋다.

직언은 대부분 상대의 심기를 건드리는 경우가 많다. 그러다 보니 듣는 사람 대부분이 화가 나기 마련이다. 하지만 상대는 '직언'이라는 명분을 갖고 있다. 자신은 '정직하고 솔직하게 회사의 발전을 위해 하는 말인데, 당연히 받아들여야 하지 않나'라는 논리를 가진 것이다. 그러니 여기에 감정적인 대응을 하는 것이야말로 매우 어리석은 일이라고 할 수 있다.

직언하는 사람에게는 '오픈 마인드'와 함께 '당신이 하는 말을 어떤 편견도 없이 받아들이겠다'는 자세를 보여줘야 한다.

"이렇게까지 솔직하게 이야기해줘서 정말 고맙네. 나도 그간 이 문제에 관해서 어느 정도 고민하고 있었거든. 자네 덕분에 지금 이 문제를 새로운 차원에서 다시 고민할 수 있게 되어서 정말 다행이야."
"자네도 알겠지만, 내가 정신이 없을 때는 이것저것 빠뜨리는 일도 많지 않은가. 그렇게 명쾌하게 이야기해줘서 정말 고맙네."

직언하는 사람에게 "고맙다"고 말하는 것은 결코 약한 이미지를 주지 않는다.

대부분 사람이 직언할 때는 감정적인 흥분 상태에 있는 경우가 많다. 얼굴과 행동에서 흥분이 드러나지 않는다고 하더라도 정신적인 흥분 상태일 수 있다. 오랫동안 자신의 불만을 말하지 못했거나 받아들여지지 않은 상태 역시 마찬가지다. 강한 긴장감을 느끼고 있다는 점에서 흥분 상태에 놓여있다고 할 수 있다. 따라서 이때는 상대가 최대한 긴장감을 늦출 수 있도록 분위기를 조성하는 것이 좋다. 예컨대, 상대의 말에 자주 고개를 끄덕이는 제스처를 보이면 상대가 한결 더 편안한 상태에서 얘기할 수 있다.

직언에는 반드시 구체적인 대안을 제시하라

직언을 듣고 "고맙다"고 말하는 것은 열린 자세를 갖고 있음을 보여준다. 하지만 직언을 하자마자 꼬리를 내리는 수세적인 면을 보일 염려도 없진 않다. 이런 이미지를 주지 않으려면 상대의 처지를 이해하는 것은 물론 직언의 내용을 상세하게 들어본 뒤 구체적인 대안을 함께 이야기해야 한다. 그저 "고맙다"고만 말하고 해결을 위한 노력을 하지 않으면 미봉책으로 사안의 심각성을 덮으려는 인상을 줄 뿐만 아니라 때에 따라서는 더 큰 불만을 일으킬 위험이 있기 때문이다.

한 가지 생각을 선택하라. 그 생각을 당신의 삶으로 만들어라. 그걸 생각하고, 꿈꾸고, 그에 기초하여 살아가라. 당신 몸의 모든 부분, 뇌, 근육, 신경을 그 생각으로 가득 채우고 다른 생각은 다 내버려 둬라. 이것이 성공하는 방법이다.

● ● ● **스와미 비베카난다**Swami Vivekananda, **인도 종교가 · 철학자**

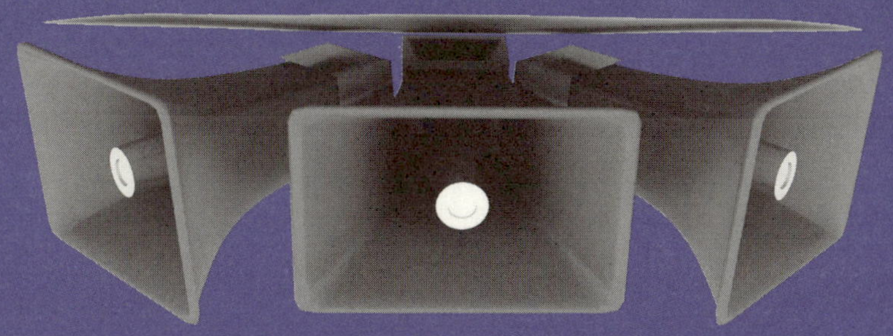

••• A라는 사람이 프로젝트 때문에 사내에서 인정받지 못하고 침울해 있다고 하자. 문제는 프로젝트가 아니다. A는 자기가 회사에서 '인정받지 못하고 있다'는 데 더 크게 우울해 있다. 이럴 때 자존심을 회복하고 우울에서 벗어나 다시 정상적인 감정으로 일에 집중하게 하는 동기유발 방법이 있다. 그의 자존심을 뭉갠 사람들에 관한 평가를 매우 낮게 하는 것이다. 그런 점에서 상대가 침울해져 있을 때야말로 상대의 자존심을 높일 수 있는 절호의 기회라고 할 수 있다. 이때는 작은 동기부여조차도 큰 힘이 된다.

어떻게 말하면
일에 몰입하게 할 수 있을까

"다른 사람은 할 수 없는 일을 자네가 해냈다고 생각해봐."
"자네가 그 핵심적인 역할을 해주지 않겠나?"

행동을 유발하는 데 있어 꿈과 비전을 상기시키는 것만큼 효과적인 방법은 없다. 그것을 떠올리는 것만으로도 매우 흥분될 뿐만 아니라 강한 에너지가 일어나기 때문이다.

흔히 "성공하려면 큰 꿈을 가져야 한다"고 말한다. 이 말은 "꿈을 가져라! 목표가 있어야 성공할 수 있다"는 말에 다름 아니다. 꿈을 가지라는 것은 그 꿈이 이뤄졌을 때를 상상해보라는 의미를 포함하고 있기 때문이다.

이렇듯 간절히 원하는 것이 이뤄졌을 때의 흥분과 즐거움, 성취감을 느끼게 되면 강한 에너지를 끌어낼 수 있다. 이는 동기부여에도 그대로 적용된다. 미래로 나아가게 하는 동기부여를 위한 칭찬은 미래의 일을

'현실화'하고 가치를 부여하기 때문이다.

"다른 사람은 할 수 없는 일을 자네가 해냈다고 생각해봐. 자네는 최고가 되는 거야. 그렇게 되면 모두 부러워하면서 자네를 칭찬할 게 틀림없어."
"이 프로젝트를 완수하면 우리 팀은 최고의 자부심을 가질 수 있어. 그러니 자네가 그 핵심적인 역할을 해주지 않겠나?"

미래의 상태를 미리 칭찬하는 것은 목적의식을 아주 분명하게 제시하는 방법의 하나다. 공부를 잘하는 학생은 '왜 나는 공부를 해야 하는가?'라는 목적이 확실하고, 성공한 사람들은 '왜 나는 꼭 성공해야 하는가?'에 관한 목적이 분명하다. "뭐, 그럭저럭하다 보니 성공했어"라는 말이 나올 수 없는 것은 바로 이런 이유 때문이다.

뚜렷한 목표는 장애물을 손쉽게 넘어설 수 있게 한다. 목표에 관한 열정이 강한 에너지를 발생시킬 뿐만아니라 자신감을 갖게 하기 때문이다. 그 때문에 목표가 뚜렷한 사람일수록 그렇지 않은 사람보다 위기와 장애물을 더 쉽게 극복한다.

허황한 꿈은 열정의 가속도를 떨어뜨릴 뿐

꿈이 클수록 동기부여가 잘된다는 말은 어느 정도 사실에 가깝다. 그러나 지나치게 과도하고 허황한 꿈은 오히려 열정의 가속도를 떨어뜨릴 뿐이다. 또한, 시간이 흐를수록 미래에 관한 회의적인 반응을 불러올 수도 있다. 중요한 것은 모든 꿈은 실현 가능한 것이 있어야 한다는 것, 당사자에게 실질적인 이익이 있어야 한다는 것, 그 결과가 아주 먼 미래가 아닌 가까운 미래여야 한다는 것이다.

달리는 말에 채찍을 가하는
'기대감'의 힘

주위를 살펴보면 작은 성과에 만족한 나머지 그 자리에서 멈춰 서는 사람들이 적지 않다. 하지만 "달리는 말에도 채찍을 가하라"는 말이 있듯이, 힘을 내서 전진하고 있을 때 더욱 강한 동기부여를 통해 앞으로 나아가야 한다. 그 경우 앉아 있는 말을 일으켜 세워서 달리게 하는 것보다 에너지가 적게 들 뿐만 아니라 성공 가능성 역시 훨씬 더 크기 때문이다.

"지난 분기에 자네가 이룬 성과는 정말 대단했어. 그런데 다음 계획은 뭔가?"

우리는 타인의 기대와 관심, 지속적인 배려를 통해 큰 힘을 얻을 뿐만 아니라 거기서 자신의 비전을 찾는다. 그런 점에서 "자, 다음 계획은 뭔가?"라는 말 속에는 상대의 능력에 대한 가슴 뛰는 기대가 담겨 있다. 자신의 능력을 다시 한번 확인받는 데서 그치지 않고 주변의 많은 사람의 큰 기대를 받고 있기 때문이다. 또한, 이를 통해 머릿속에만 있던 계획을 더욱 구체화할 수 있을 뿐만 아니라 새로운 프로젝트를 진행할 수 있는 추진력을 얻을 수 있다.

이렇게 기대감을 통해서 동기를 부여하는 방법이 있는가 하면, 미래의 모습을 확신하는 방법을 통해 동기부여 할 수도 있다.

"절대로 장기적인 비전을 놓치지 말게. 지금처럼만 하면 자네는 정말 대단한 사람이 될 거야."

이는 동기부여의 말이기도 하지만, 한편으로는 자기계발적인 독려이기도 하다.

적지 않은 사람이 자신이 이뤄낸 성과에 만족한 나머지 그 자리에서 멈춰 서곤 한다. 그렇게 되면 곧바로 다음 일에 착수하기 힘들 뿐만 아니라 재시동을 거는 데도 많은 시간이 걸린다. 적절하게 시간을 조절하면서 또다시 의욕을 불태운다면 더할 바 없겠지만, 자칫 리듬을 잃고 페이스를 조절하지 못하게 하면 오히려 큰 손해를 볼 수도 있다.

이때 필요한 것이 바로 장기적인 관점이다. 지금 이뤄낸 성과는 단기적인 것에 불과하므로 여기서 만족하지 않고 더 큰 꿈을 그려야 하는 것이다. 어떤 일이건 장기적인 전략적 관점과 단기적인 전술적 관점이 균형을 이뤄야 한다. 그래야만 일의 성과가 단선적으로 끊어지지 않고 계속해서 이어지게 된다.

팀원의 성장을 돕고 싶다면 성공 경험을 갖게 하라

동기부여에서 '기대감'이라는 것은 두 가지 차원에서 설명할 수 있다. 하나는 외부적인 환경, 즉 다른 사람이 내게 갖는 기대감이며, 또 하나는 자기 자신에게 갖는 기대감이다.

여기서 중요한 것은 과거의 성공 경험이다. 그것이 일종의 기준과 척도가 되어 자기 스스로에 대한 기대감의 정도를 결정하기 때문이다. 그 때문에 성공 경험이 없거나 적은 사람들은 스스로에 대한 기대감의 기준역시 낮게 잡는 경향이 있다.

팀원들의 성장을 돕고 싶다면 작은 성공을 경험할 수 있도록 해야 한다. 성공 기억을 수시로 꺼내 들어 기대감을 점차 높여가야만 크게 성장할수 있기 때문이다.

'부하를 키운다'는 것은 단순히 많은 기회를 주거나 조언하는 것에 그치지 않는다. 그런 점에서 성공 경험을 갖게 하고, 그것을 통해 힘과 용기를주는 것이야말로 동기부여의 핵심이라고 할 수 있다.

자신감을 상실한 사람은
신념의 주체를 바꿔라

"자네가 못할 것 같으면 내가 말도 꺼내지 않아."
"그 정도 경력이면 이 정도 일쯤은 충분히 할 수 있지 않나?"

힘들고 어려운 일에 부딪혔을 때는 누구나 주저하게 되고, 포기하고 싶은 유혹에 시달리기 마련이다. 이때 강한 행동력을 부여한답시고 "불가능은 없다"라는 당위적인 말을 하는 것은 지나친 자기 위안에 불과하다. 뭔가를 주저하는 사람은 이미 '내겐 그것을 할 만한 능력이 부족하다'고 생각하기 때문이다. 특히 부정적인 판단과 감정은 한쪽으로 계속해서 흐르려는 관성이 있기 때문에 시간이 흐를수록 더욱 자신의 능력에 관해 회의적인 감정을 품게 된다.

이런 경우에는 신념의 주체를 바꾸어야 한다.

"자네가 못할 것 같으면 내가 말도 꺼내지 않아. 자네에겐 충분히 그걸 할만 한 능력이 있어.”

“자네가 못 한다고 생각했으면 이걸 자네에게 시켰겠나?”

여기서 상대의 능력을 확신하는 사람은 이야기를 듣는 사람이 아니라 이야기를 하는 사람이다. 이에 “나는 충분히 자네 능력을 확신하고 있다”는 강한 메시지를 전하고 있다.

이미 ‘내게 저걸 할 능력이 부족하다’고 판단한 사람에게는 더는 확신의 키를 맡겨선 안 된다. 그 키를 빼앗아서 ‘내가 확신하고 있다’고 하는 것이 훨씬 더 동기부여에 유리하기 때문이다.

자신감을 상실한 사람들을 설득하는 또 하나의 방법은 과거 경험과 이력을 통해서 자신감을 회복시키는 것이다.

“그 정도 경력이면 이 정도 일쯤은 충분히 할 수 있지 않나?”

“지금까지 해온 이력만 봐도 이 정도 일쯤은 잘 할 수 있을 것 같은데 말이야.”

물론 과거 경력과 미래 능력 사이에는 명확한 등식 관계가 성립되지 않는다. 과거에 잘했다고 해서 반드시 미래에도 잘하리라는 법이 없고, 과거에 못 했다고 해서 미래에도 못 하라는 법이 없기 때문이다. 하지만 동기부여에 있어서 과거 능력은 분명 매우 의미 있게 작용한다. 따라서 과거 능력을 언급하면서 동기부여 할 때는 상대의 과거에 대한 어느 정도의 기본적인 자료는 물론, 능력을 평가하는 나름의 안목이 있어야 한다.

짧고 강하게 어필하라

때로는 말하는 내용보다 말하는 방식이 더 중요할 때가 있다. 위 방식의 동기부여에서는 더욱 그렇다.

뭔가를 주저한다는 것은 자기 확신이 없다는 것이다. 그런 사람일수록 맥이 빠져 있고 분위기가 다운되어 있기 일쑤다. 이럴 때는 타인이 강한 자기 확신을 심어주어야 한다. 짧고 강한 어필이 상대의 마음을 충분히 흔들 수 때문이다.

침체한 조직을 살리는
악의 없는 거짓말

"자네 능력을 제대로 알아보는 사람이 너무 없는 것 아니야?"
"주변 사람들이 자네를 제대로 알아보지 못하는 것 같아."

미국 한 대학에서 성격 테스트를 한 적이 있다. 하지만 실험의 의도는 전혀 다른 데 있었다. 사람이 침울해 있을 때 상대의 호의가 어떤 영향을 미치는지를 파악하는 데 그 궁극적인 목적이 있었기 때문이다.

연구진은 우선 다수의 여학생을 대상으로 성격 테스트를 한 후 그 결과를 알려주었다. 그 결과, 기분 좋은 표정을 짓는 학생이 있었는가 하면 몹시 침울해진 학생도 있었다. 잠시 후 연구진은 이들을 잠시 대기하도록 한 후 낯선 남성을 실험실에 들여보냈다. 남성은 침울해져 있는 여학생들에게 매우 호의적이고 친절하게 대해주었다. 성격 테스트 후 기분이 좋아진 학생들에게도 똑같은 실험을 했다. 과연 두 실험군 중 낯선 상대의 호의에 더 좋은 평가를 한 그룹은 어디였을까. 당연히 기분이 좋아졌던 그룹보다 침울해져 있던 그룹이 낯선 남성에게 훨씬 더 호의적이고 좋은 평가를 했다.

이는 이른바 '자존심 심리학'의 한 부분으로, 자존심이 매우 낮아진 상태에서 누군가가 조금이라도 긍정적인 자극을 하면 그 변동 폭이 매우 커진다는 것을 보여준다. 그런 점에서 상대가 침울해져 있을 때야말로 상대의 자존심을 높일 수 있는 절호의 기회라고 할 수 있다. 이때는 작은 동기부여조차도 큰 힘이 되기 때문이다.

A라는 사람이 프로젝트 때문에 사내에서 인정받지 못하고 침울해 있다고 하자. 문제는 프로젝트가 아니다. A는 자기가 회사에서 '인정받지 못하고 있다'는 데 더 크게 우울해 있다. 이럴 때 자존심을 회복하고 우울에서 벗어나 다시 정상적인 감정으로 일에 집중하게 하는 동기유발 방법이 있다. 그의 자존심을 뭉갠 사람들에 관한 평가를 매우 낮게 하는 것이다.

"당신의 능력을 제대로 알아보는 사람이 너무 없는 것 아니야?"
"주변 사람들이 당신을 제대로 알아보지 못하는 것 같아."

이 말 속에는 "나는 당신의 능력을 믿는다", "다른 사람들이 당신의 능력을 알지 못하거나 이해하지 못할 뿐이다"라는 메시지를 담고 있다. 또한, "사소한 평가에 너무 좌지우지되지 말라"는 조언 역시 내포하고 있다.

이런 말이 주변 사람들에 관한 비난이 될 수는 없다. 실제 자신의 능력을 정당하게 평가받지 못하는 경우도 많을 뿐만 아니라 동기 저하로 인해 제대로 된 능력을 발휘하지 못하는 경우도 적지 않기 때문이다. 따라서 깊은 좌절과 심한 우울의 정도가 아니라면 이 정도의 가벼운 동기유발만으로도 상대에게 충분히 새로운 용기와 도전정신을 심어줄 수 있다.

과도한 비난은 동기부여의 신빙성을 떨어뜨린다

동기부여 한다는 명분으로 상대의 주변 사람들을 지나칠 정도로 원색적으로 비난하는 사람이 더러 있다. 하지만 이는 반드시 피해야 한다. 과도한 비난은 동기부여의 신빙성을 오히려 떨어뜨릴 뿐만 아니라 서로의 관계를 오히려 서먹하게 할 수도 있기 때문이다. 따라서 '~하는 것 같아', '~는 아닌가'라는 의문과 추측 만으로도 충분하다.

칭찬이
독이 되지 않으려면

칭찬이 갖는 가장 큰 맹점 중 하나는 '오버'를 유도할 수 있다는 것이다. "이 분야에서는 당신이 최고다"는 칭찬을 예로 들어보자. 겉으로 보면 아무 문제가 없는 것 같지만, 조금만 깊이 생각해보면 심각한 오류를 담고 있음을 알 수 있다. 이 말을 하는 사람이 그 분야의 최고들을 모두 조사하지도 않았을 뿐만 아니라 그들을 직접 만난 적도 없기 때문이다. 그러니 분명 논리적인 모순이자 오류임이 분명하다. 그 때문에 이런 칭찬은 상대에게 '오버'라는 인상을 심어줌과 동시에 거부감만 유발할 뿐이다.

그렇다면 이런 오류를 피하면서 동기부여 하는 방법은 없을까.

"이 분야에 날고 긴다는 사람은 많지만, 자네처럼 집요하게 성과를 이뤄내는 사람은 많지 않아."

"마케팅 분야 실력자들이 많지만, 자네처럼 소비자 심리를 제대로 꿰뚫는 사람은 없어."

이런 칭찬은 "네가 최고다"는 오류와 오버를 모두 피해갈 뿐만 아니라 듣는 사람에게도 매우 합리적이라는 느낌을 준다. 특히 한 분야에서 뛰어난 사람이 많다는 사실을 인정한 상태에서 "하지만 자네만큼 ○○을 잘하는 사람은 없다"는 말이 균형을 잘 잡고 있기 때문에 신뢰감 역시 얻을 수 있다.

이렇듯 막무가내로 "당신이 최고다"라는 말보다는 "최고는 많지만, 당신도 최고다"라고 말하는 것은 분명 다른 느낌이다. 현재 상황을 인정하면서 상대를 충분히 배려하고 있기 때문이다.

한편, '양동 화법'이란 것이 있다. 잘한 부분을 인정하면서 칭찬을 통해 새롭게 시작하는 것에 긍정의 힘을 불어넣는 것이 바로 그것이다.

"자네 영업만 잘하는 줄 알았더니 기획도 그렇게 잘한다면서?"

"프레젠테이션 문서만 잘 작성하는 줄 알았는데, 발표도 그렇게 잘한다면서?"

실제로는 기획이나 발표를 잘하지 못할 수도 있고, 생각보다 실력이 뛰어나지 않을 수도 있다. 그러나 '사람은 누구나 기대에 부응하려고 노력한다'는 점에서 노력 여하에 따라 얼마든지 상대의 관심과 열정을 끌어낼 수 있다.

주의할 점이 있다면 지나친 믿음으로 인해 부담을 줘선 안 된다는 것이다. 이는 결과에 대해 두려움을 불러일으킬 뿐만 아니라 최선을 다해 일에 집중하는 것을 방해하기 때문이다.

칭찬이 무색하지 않으려면 범위를 잘게 쪼개서 하라

'최고'라는 칭찬이 무색하지 않으려면 가능한 한 분야를 잘게 쪼개는 것이 좋다. 최고라는 칭찬을 부담스러워하는 사람도 있을 뿐만 아니라 '입에 발린 말'처럼 생각하는 사람도 적지 않기 때문이다. 이에 분야를 세밀하게 나누고 '특정 분야 최고'라고 하면 크게 무리가 없다. 예를 들면, 앞서 말했던 것처럼 '마케팅 분야 최고'라는 식으로 범위를 넓게 잡지 말고 '마케팅 중에서도 소비자 심리를 꿰뚫는 것' 혹은 '디자인 중에서도 색감을 잘 쓰는 것' 등으로 작은 단위로 세분화시키는 것이다.

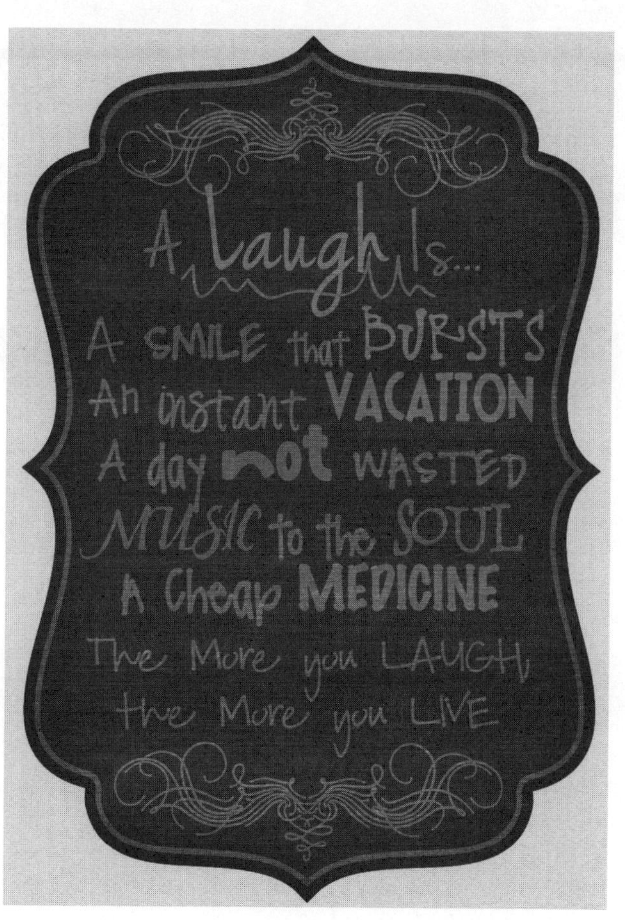

A Laugh Is...
A SMILE that BURSTS
An instant VACATION
A day not WASTED
MUSIC to the SOUL
A Cheap MEDICINE
The More you LAUGH
the More you LIVE

앞을 보며 점과 점을 연결할 수는 없다. 뒤돌아볼 때만 가능하다. 그러니 당신은 언젠가는 그 점들이 연결될 것이라고 믿어야 한다. 즉, 당신의 직감, 운명, 삶, 카르마 등 그것이 무엇이 되었든지 일단 믿어야 한다. 이 접근법은 한 번도 나를 실망하게 한 적이 없고, 내 삶의 모든 것을 이룰 수 있게 해주었다.

● ● ● **스티브 잡스**Steve Jobs, **미국 〈애플〉 창업자**

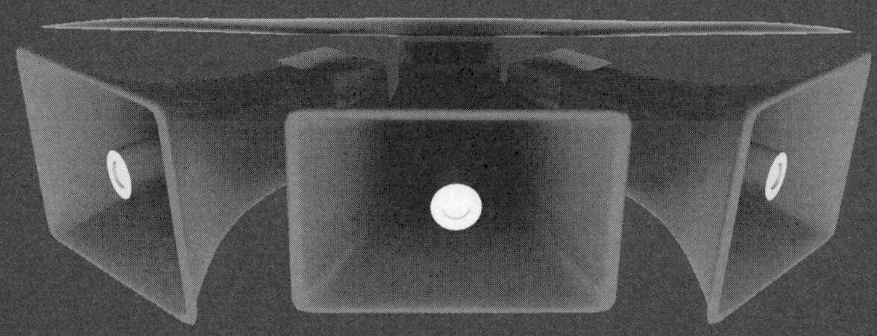

••• 살다 보면 가끔 어려운 부탁을 해야 할 때가 간혹 있다. 그 부탁의 대상이 원래부터 잘 알던 사람이라면 그나마 괜찮지만, 그렇지 않은 사람이라면 참으로 겸연쩍고 힘들기 그지없다. 문제는 그 대부분이 낯선 사람일 가능성이 많다는 것이다. 이런 경우에는 과연 어떻게 해야 할까. 그런 경우, 가장 먼저 상대의 '평판'을 언급할 필요가 있다. 특히 남자들의 세계에서는 이러한 원리가 강하게 작동한다. 진정으로 자신을 아는 사람, 알아주는 사람, 인정해주는 사람에게 자신이 가진 열정을 바치고 싶은 것이 인지상정이기 때문이다.

어떻게 말하면
협조를 끌어낼 수 있을까

"사장님들 상대로 영업하는 건 나보다 김 대리가 훨씬 더 잘하잖아."
"박 대리가 나보다 기획서 하나는 정말 끝내주게 잘 쓴단 말이야."

부탁은 기본적으로 자신이 갖고 있지 않은 것에 관한 요구일 가능성이 높다. 이러한 협조의 동기부여를 위해서는 두 가지 방법이 가능하다. 상대가 잘한 것을 칭찬하거나, 반대로 자기를 낮춤으로써 상대를 높이면서 간접적으로 칭찬하는 것이다. 특히 이 과정에서 자신의 겸손함도 함께 보여줄 수 있다는 점에서 일거양득의 효과를 얻을 수 있다.

"사장님들 상대로 영업하는 건 나보다 김 대리가 훨씬 더 잘하잖아."
"박 대리가 나보다 기획서 하나는 정말 끝내주게 잘 쓴단 말이야."

이 말은 상대를 칭찬함으로써 능력을 발휘하게 하는 명분을 제공하고 있다. 이런 말을 들음으로써 '이 부분은 당연히 내가 해야 한다'라고 생각하기 때문이다. 그 결과, 일을 기계적으로 배분하는 것보다 훨씬 좋은 결과를 낳을 수 있다.

윗사람 입장에서 보면, 팀원들 간에 일을 배분해서 진행하는 것은 일종의 협조를 요청하는 일이기도 하다. 그들이 제대로 응하지 않으면 팀워크가 엉망이 되는 것은 물론 팀을 유지하는 데도 적지 않은 문제가 발생하기 때문이다. 따라서 팀원들에게 협조를 요구할 때는 당위적인 명분을 제시하는 것이 좋다.

협조의 동기부여는 다음과 같은 응용된 형태로 나타날 수 있다.

"기획서는 김재철 씨가 잘 쓰니까 당연히 김재철 씨가 맡고, 프레젠테이션은 환상적인 목소리를 가진 우리 김현미 씨가 있잖아. 문제없이 잘 할 거라고 믿어. 직접적인 영업은 나보다 조 대리가 훨씬 나을 테고."
"당신이 가장 잘할 수 있으니 잘 부탁한다"는 말은 상대에게 기분 좋은 심리적 부담감을 느끼게 한다. 누구나 자신에게 주어진 기대에 어긋나지 않기 위해 더욱 분발하여 최선을 다하기 때문이다.

일과 책임을 모두 떠맡기는 듯한 인상을 풍겨선 안 된다

"나는 그걸 못 한다"는 말 역시 초점이 내게 맞춰져선 안 된다. 잘못하면 "난 그걸 못 하니까, 네가 전부 알아서 해"라는 말처럼 들릴 뿐만 아니라 마치 책임을 회피하는 듯하기 때문이다. 그 때문에 협조를 요청하는 말일수록 더욱 겸손하게 해야 하며, 상대가 가진 긍정적인 면을 적극적으로 부각해야 한다. 여기에 "하지만 내가 잘하는 것은 내가 할게!"라는 말을 덧붙인다면 서로 공평하다는 느낌마저 든다. 예를 들면, 다음과 같은 방식이다.

"솔직히 그 부분은 자네가 나보다 훨씬 잘하잖아. 그러니까 그 부분은 자네가 맡고, 대신 나는 이쪽 파트를 맡을게. 우리 함께 잘해보자고."

처음 만난 사람도 쉽게 움직이는 '평판'의 힘

"이 분야에 능력이 매우 탁월하다고 들었습니다."
"명성이 자자하더군요. 잘 부탁드리겠습니다."

살다 보면 가끔 어려운 부탁을 해야 할 때가 간혹 있다. 그 부탁의 대상이 원래부터 잘 알던 사람이라면 그나마 괜찮지만, 그렇지 않은 사람이라면 참으로 겸연쩍고 힘들기 그지없다. 문제는 그 대부분이 낯선 사람일 가능성이 많다는 것이다. 이런 경우에는 과연 어떻게 해야 할까.

그런 경우 가장 먼저 상대의 '평판'을 언급할 필요가 있다. 예컨대, "당신을 매우 존경하고 있다", "당신의 성과가 이 업계에서 아주 잘 알려져 있다"는 메시지를 통해 상대와의 거리감을 좁히는 것이다.

"이 분야에 능력이 매우 탁월하다고 들었습니다."

특히 남자들의 세계에서는 이러한 원리가 강하게 작동한다. 진정으로 자신을 아는 사람, 알아주는 사람, 인정해주는 사람에게 자신이 가진 열정을 바치고 싶은 것이 인지상정이기 때문이다. 그런 점에서 칭찬이나 협조의 동기부여가 가진 본질적인 힘 역시 같은 원리에서 나온다고 할 수 있다.

그 반대의 경우를 생각해보면 더욱 명백해진다. 자신을 항상 무시하고 본체만체하는 사람에게 협조와 협력을 부탁할 사람은 아무도 없기 때문이다.

"이 분야의 전문가라고 들었습니다. 잘 부탁드리겠습니다."
"명성이 자자하더군요. 잘 부탁드리겠습니다."

내가 모르는 누군가가 나의 명성을 알고 있다는 말만큼 사람을 기분 좋게 하는 말은 없다. 그런 말을 들을 때면 우리는 일종의 '의무감' 같은 것을 느끼게 된다. 회사에서 높은 직위를 주는 것은 그만큼의 책임을 함께 지우기 위한 것이듯, 상대의 명성을 높여준다는 의미는 그가 가진 능력을 베풀어 달라는 우회적인 부탁과도 같기 때문이다.

전문가로 인정했다면 전문가로 대우하라

상대를 전문가로 인정했다면 일의 진행 방식에서도 전문가로 대우해야한다. 비록 나중에 자신이 원하는 바를 더욱 구체적으로 제안하는 상황이있더라도 일단은 상대가 자율성을 갖고 일하도록 배려하는 것이 좋다. 말은 "전문가라고 들었습니다"라고 하면서 실제 일에서는 자신의 방식을고집한다면 앞의 칭찬이 무색해질 수밖에 없기 때문이다.

겸손한 상대에게는
운도 '실력'임을 강조하라

"운은 뭐 아무나 따르나요. 실력이 있어야 운도 따르죠."
"사람들이 따르는 것도 다 능력이 있기 때문이죠. 아무나 따르나요."

타인 혹은 세상과의 치열한 승부 끝에 성공한 사람들은 자신을 낮춰야 할 때 낮출 줄 안다. 그것이 중요한 성공 요인의 하나이기 때문이다. 그러다 보니 그것이 자연스럽게 몸에 밴 나머지 필요한 순간마다 적극적으로 반응하곤 한다. 나아가 이런 겸손함은 그들에게 또 하나의 유익을 가져다준다. 자신의 이미지를 나쁘게 하지 않으면서 타인의 부탁이나 제안을 부드럽게 거절하는 것이 바로 그것이다. 예컨대, 그들은 다음과 같은 방법으로 상대의 기분을 헤치지 않고 부탁을 거절한다.

"제가 지금까지 잘할 수 있었던 것은 순전히 운 때문이죠. 그저 운이 좋았을 뿐입니다."

“그게 어디 제 힘인가요? 주변 사람들이 많이 도와줬기 때문이죠.”
“사실 저 혼자서 그걸 온전히 해낼 능력은 없습니다.”

이런 말과 함께 거절하는 사람이라면 기본적인 매너를 갖추고 있을 뿐만 아니라 상대에 관한 배려 역시 갖고 있다고 할 수 있다. 자신이 결정권자라고 해도 단도직입적이고 냉정하게 거절하지 않고 상대의 기분까지 헤아리기 때문이다.

상대가 이런 식으로 거절할 경우에는 정말 난감하기 그지없다. 더는 떼를 쓰기도 힘들뿐더러 무조건 강요하기도 쉽지 않기 때문이다. 그러나 마지막으로 한 번 더 어필하는 방법이 있다. 바로 ‘운과 주변의 도움’ 자체를 실력으로 평가하는 것이다.

“운은 뭐 아무나 따르나요. 실력이 있어야 운도 따르죠.”
“사람들이 따르는 것도 다 능력이 있기 때문이죠. 아무나 따르나요.”
“충분히 능력이 있다는 걸 알고 있습니다. 절대 부족하지 않습니다.”

이는 상대가 ‘운과 주위 사람의 도움’을 들어 자신을 낮출 경우 이를 ‘실력과 능력’으로 격상시켜서 상대가 스스로 낮아지는 것을 막는 방법이다. 듣기에 따라서는 상대의 겸손함을 인정하지 않는 듯해서 다소 부정적으로 들릴 수도 있지만, 실제 효과만큼은 결코 부정적이지 않다. 아무리 겸손한 사람이라도 칭찬 자체를 기분 나쁘게 받아들이지는 않기 때문이다. 어쩌면 자신을 낮출 때 듣는 칭찬, 그것이 오히려 칭찬의 효과를 더욱 상승시키기도 한다. 그 결과, 협조가 오히려 더 잘될 가능성이 높다. 상대에게 "이 사람은 나를 제대로 알고 있구나!"라는 이미지를 심음으로써 앞으로도 다른 가능성을 만들어낼 여지가 충분하기 때문이다.

'운'도 철저히 준비한 사람을 따른다

상대의 운을 높이 평가하는 것은 단순히 상대의 기분을 좋게 하거나 협조를 끌어내기 위한 얕은 수단이 절대 아니다. 실례로, 성공한 경영인과 스포츠 스타들은 운이 매우 과학적이라고 주장한다. 이에 대해 영국 버진 그룹 리처드 브랜슨 회장은 이렇게 말한 바 있다.

"경영대학원 전문가들은 운을 깎아내리는 경향이 있다. 하지만 내 말을 믿어라. 비즈니스에서 운은 필수다. 다만, 한 가지 주의할 점이 있다. 운은 준비한 자를 좋아한다는 것이다."

남아프리카 공화국 출신 골프 스타 게리 플레이어 역시 이와 비슷한 말을 했다.

"연습을 많이 할수록 운이 좋아집니다."

두 이야기의 공통점은 운 역시 실력의 범주에 포함되는 것으로 절대 아무나 따르는 것이 아닌 땀과 노력의 대가임을 말해준다.

'나는 다르다'는 욕망을 자극하는
명품과 동조성 심리

"이 정도 회사를 운영한다면 거기에 걸맞은 차를 타야 하지 않을까요?"
"현재 이 제품을 구매한 고객은 대부분 상류층입니다."

뛰어난 실력자나 사회적으로 크게 성공한 사람과 함께 뭔가를 한다는 건 절대 쉬운 일이 아니다. 자신보다 윗사람이건 아랫사람이건 간에 자존심으로 똘똘 뭉쳐 있을 뿐만 아니라 절대 쉽게 움직이지 않기 때문이다. 하지만 그들 역시 혼자서는 세상을 살아갈 수 없다. 분명 누군가와 함께해야 하며, 함께 노력해야 한다.

그런 사람들에게 협조를 요청할 때는 일반인과는 다른 방법이 필요하다. 다른 사람과 절대 비슷하거나 똑같아지고 싶지 않은 특성이 있기 때문이다.

그러자면 우선, 그들의 '명품 심리'를 자극할 필요가 있다. 이는 명품을 사는 사람들의 심리 상태를 말하는 것으로 '내재한 자신감을 극대화'

하는 것에 초점을 맞추고 있다. 또한, '동조성 심리'라는 심리학 용어가 있다. 많은 사람이 본 영화와 책에 긍정적인 반응을 보이며 따라 하는 것이 바로 그것이다. 예컨대, 수백만 관객이 본 영화의 경우 "도대체 왜 그렇게 많은 사람이 그 영화를 본 거야? 나도 한번 봐야겠는데"라는 생각이 자연스럽게 든다.

이 두 가지 심리를 잘만 활용하면 더욱 효과적인 협조를 끌어낼 수 있다.

"이 정도 규모의 회사를 운영한다면 거기에 걸맞은 차를 타야 하지 않을 까요?"

"그 정도로 품격 높은 삶을 추구한다면 이 정도 보험은 들어 놓아야 나중에 거기에 걸맞은 혜택을 받을 수 있습니다."

"현재 이 제품을 구매한 고객들은 대부분 상류층입니다. 이미 그 정도 높은 생활 수준을 유지한다면 건강을 위해서라도 프리미엄급 공기 청정기를 사는 것이 좋습니다."

이런 말들은 상대를 '특별한 사람'으로 만들어줄 뿐만 아니라(명품 심리) '비슷한 생활을 하는 다른 특별한 사람들도 구매했으니 당신도 구매하는 것이 당연하다'(동조성 심리)는 이중 의미를 전달한다. 이에 다음과 같이 응용할 수 있다.

"지난번 프로젝트에서도 뛰어난 성과를 만들어내지 않았나. 그러니 이 정도쯤은 자네에게 아주 쉬운 일인 것 같은데 말이야."

물건이나 성과가 아닌 품격을 강조하라

이런 말을 하는 궁극적인 이유는 물건을 팔거나 성과를 내려는 데 있다. 이에 한 가지 주의할 점이 있다. 말의 뉘앙스에 있어서 물건이나 성과가 아닌 '품격(실력)'을 강조해야 한다는 것이다. 품격에 따라 그 수준의 물건(성과)은 자연스럽게 따라가는 것이기 때문이다.

이렇듯 사소한 차이지만, 무엇에 초점을 두느냐에 따라 상대에게는 다른 의미로 전달될 가능성이 높다.

마지못한 승낙을 반전시키는 '흔쾌히' 화법

"흔쾌히 응해주셔서 진심으로 감사드립니다."
"어쨌건 모두 흔쾌히 응해주셔서 정말 고맙습니다. 덕분에 일이 잘 성사되리라 믿습니다."

상대가 마지못해 협조를 수락하는 경우가 있다. 그 대부분은 주변의 인맥이나 어쩔 수 없는 역학관계 때문이다. 이 경우 비록 일차적인 목표는 이뤘을지언정, 과연 상대가 얼마나 성심성의껏 협조하느냐가 관건이다. 겉으로만 협조할 경우 차라리 협조하지 않는 것만 못하기 때문이다.

이런 상황을 예방하는 방법이 있다. 해당 사안에 관해 진심으로 감사의 마음을 전하면서 상대가 '흔쾌히' 수락해준 것을 반복적으로 말하는 것이다. 처음에는 시큰둥하게 반응할지 모르지만, 시간이 지날수록 '나의 조그만 호의가 상대에게는 큰 도움이 될 수 있겠구나'라는 생각에 생각했던 것보다 더욱 정성을 쏟아 협조하게 된다.

"흔쾌히 응해주셔서 진심으로 감사드립니다. 제가 이 부분만큼은 의지
할 사람도 없고, 약한 부분이었거든요. 그런데 이렇게까지 도와주신다
니 정말 감사합니다."

다소 과장되게 들릴 여지가 없진 않지만, 진심 어린 감사의 표현과
감정이 상대의 마음과 생각을 바꾸기에 충분하다.
직장 상사가 주말 근무를 앞둔 부하 직원에게 하는 말에도 이를 응용
될 수 있다.

"이번 주말에 어쩔 수 없이 근무해야 하는 상황이 생겼습니다. 중요한
프로젝트라 회사 입장에서도 어쩔 수 없었습니다. 어쨌건 모두 흔쾌히
응해주셔서 정말 고맙습니다. 여러분 덕분에 이번 일이 잘 성사되리라
믿습니다."

아랫사람 입장에서야 '위에서 하라니까' 어쩔 수 없이 하는 일이겠지
만, 주말 근무가 달가울 사람은 아무도 없을 것이다. 하지만 이렇게까지
회사 의견을 전달하면서 미안함과 고마움을 함께 표현하고, 미래에 대
한 희망까지 함께 제시한다면 듣는 사람의 생각도 점점 바뀌기 마련이
다. 자신이 맡은 업무가 얼마나 중요한지, 나아가 그것이 회사의 운명은
물론 자신의 미래까지 좌지우지할 정도로 중요하다고 생각하게 되면
충분히 희생을 감수할 수 있기 때문이다.

만일 누군가에게 도움을 받았다면 어떤 방식으로든 갚아야 한다. 이는 그 누구도 부정할 수 없는 '인간관계의 영원한 황금률'과도 같기 때문이다. 특히 그 누군가가 자기를 희생하고, 손해를 감수하면서까지 부탁을 들어줬다면 더더욱 그 빚을 갚아야 한다. 단순히 '도덕적 도리를 다하라'는 의미가 아니다. 그렇게 해야만 상대와의 거래 및 인간관계가 지속할 수 있기 때문이다. 나아가 상대가 해줬던 것보다 더 좋고 더 많은 것을 해주면 그때부터는 오히려 관계가 역전되어 상대와 더욱 친밀한 관계를 유지할 수 있다.

머뭇거리는 상대일수록
심리적 부담을 덜어줘라

상대가 협조를 약속했지만, 일이 제대로 진척되지 않는 경우가 있다. 그 이유는 그야말로 다양하다. 생각보다 일이 쉽지 않기 때문일 수도 있고, 처음에 협조를 수락했을 때와 달리 생각이 바뀌었을 수도 있기 때문이다. 하지만 어떤 경우라도 최종적인 협조라는 목표를 끌어내려면 한 번 더 어필하는 것이 좋다.

문제는 그 방법이다. 마음 같아선 "그 일 다 됐어? 왜 빨리 진행하지 않는 거야?"라며 재촉하고 싶지만, 자칫 그렇게 했다가는 오히려 일에 방해가 되는 것은 물론 지금까지 쌓아온 관계마저 틀어질 수도 있기에 혼자서 끙끙 앓는 경우가 많다. 그렇다고 해서 무작정 '믿고 맡겨 보지 뭐'라며 느긋하게 있기도 힘들다.

만일 상사가 부하 직원에게 부탁한 일이 잘 이뤄지지 않을 때는 다음과 같이 대화를 풀어나갈 수 있다.

"지난번에 얘기했던 일이 생각보다 잘 안 되는 것 같은데, 혹시 무슨 문제라도 있나?"

일이 뜻대로 진행되지 않을 때는 당사자 역시 심리적인 부담을 느끼게 마련이다. 상사가 언제 일의 진행 상황을 물어볼지 몰라서 마음이 조마조마할 뿐만 아니라 혹시 재촉하면서 화를 내지는 않을까 하는 걱정이 되기 때문이다. 그럴 때 그런 우려와 달리, 상사가 자신을 진심으로 걱정해주면 오히려 더 잘하고 싶은 마음이 생긴다. 따라서 일의 진행 과정에서 어떤 문제가 있다면 툭 털어놓고 함께 해결방안을 찾는 것이 좋으며, 단순히 일을 늦추고 있었다면 그때부터라도 서둘러서 일을 진행해야 한다.

상대를 압박하되, 부담을 줘선 안 된다

"혹시 무슨 문제라도 있나?"

이 물음에는 두 가지 대답이 가능하다. "예, 조금 있기는 한데요"라며 고민을 털어놓을 수도 있고, "아닙니다, 좀 더 바쁜 일이 있어서 미루고 있었을 뿐입니다"라고 할 수도 있다.

첫 번째 경우라면 상의를 통해서 충분히 극복해나갈 수 있다. 문제는 두 번째 경우다. 이 경우 어느 정도 부드러운 압박이 필요하다. 언제라도 '더 바쁜 일'이 생길 수 있고, 또 그렇게 되면 앞서 맡은 일이 계속 밀릴 수 있기 때문이다.

이럴 때는 자신이 부탁한 일의 중요성과 그것이 미치는 영향에 관해서 확실하게 한 번 더 설명해주는 것이 좋다. 물론 그 전에 상대의 입장을 충분히 이해한다는 말을 함께 해주면 더욱 효과적이다.

"아, 그랬군. 그런 줄 몰랐네. 그런데 이 일도 데드라인을 넘기면 나중에 회사 차원에서 수습하기가 쉽지 않아서 말이야. 어떻게 하지?"

일이 늦춰지는 것을 개인적으로는 충분히 이해할 수 있지만, 공식적인 회사 일이 늦춰지면 다른 일에도 부정적인 영향을 미칠 수 있음을 분명히 강조하는 것이다.

부탁하는 자리에서
'자기 자랑'은 절대 금물

"요즘 사업이 잘 된다면서요? 경기도 어려운데, 정말 대단하시네요.
그런데 한 가지 부탁해도 될까요?"

뭔가를 부탁하는 사람의 심리상태는 꽤 복잡하기 마련이다. 상대가 자신의 부탁을 흔쾌히 들어줄지에 관한 불안과 부탁을 해야만 하는 자괴감, 여기에 원하는 것이 이뤄지지 못했을 때의 초조감 등 다양한 감정이 뒤섞여 있기 때문이다. 그러다 보니 어떤 사람들은 그런 상황에 부딪히면 오히려 자기 자랑을 하며 복잡한 심리를 극복하려는 유혹을 받곤 한다. '비록 지금은 내가 당신에게 뭔가를 부탁하지만, 그렇다고 해서 굴욕감을 느끼는 것은 아니다'라는 모습을 보여주기 위해서다. 제3자 입장에서 보면 좀 황당하기는 하지만, 정작 이런 상황이 되면 누구나 비슷한 유혹을 받는다.

A는 현재 극심한 자금난에 시달리고 있다. 당장 내일 직원들의 월급

을 줘야 하는데, 가진 돈이 거의 없다. 이에 같은 업종에 종사하는 B에게 돈을 빌리기로 했는데, 그놈의 자존심이 문제다. B의 나이가 자기보다 한참 어리기 때문이다.

결국, A는 B를 만난 자리에서 '자기 자랑'을 열심히 늘어놓았다. 어디서 사업 제휴 문의가 와서 현재 잘 진행되고 있으며, 곧 자금난이 풀릴 것이라는 이야기를 줄줄이 늘어놓은 것이다. 애초에 그럴 계획이 없었지만, 궁지에 몰린 심리적 상태가 자기도 모르게 그렇게 만들었다.

당연히 B는 이상한 생각이 들었을 것이다. '도대체 이 사람이 만나자고 해놓고 왜 이런 이야기를 하는 것이지?'하고 말이다. 그런데 잠시 후 A가 갑자기 돈 이야기를 꺼내지 뭔가. "현재 사업이 잘 진행되고 있지만, 곤란한 상황에 부닥쳐 돈이 필요하다"는 것이다. 과연 B는 A의 부탁을 들어줬을까?

B는 A의 부탁을 매몰차게 거절했다. A의 말에 모순이 매우 많았기 때문이다. 그냥 인간적으로 이야기했다면 다시 한번 생각해볼 수도 있었지만 부탁하러 온 사람이 난데없이 왜 자기 자랑을 하는지 도저히 이해되지 않았다.

이처럼 누군가에게 부탁하는 자리에서 자기 자랑은 절대 금물이다. 애당초 서로가 만나게 된 취지를 무색하게 하기 때문이다. 그보다는 상대가 현재 잘 되고 있음을 인정하고 칭찬한 후 도움의 손길을 요청하는 것이 훨씬 지혜롭다.

"요즘 사업이 잘 된다면서요? 경기도 어려운데, 정말 대단하시네요. 그런데 한 가지 부탁해도 될까요?"

그리 어렵지 않은 이 한 마디를 통해 상대는 자존심을 유지할 수 있을 뿐만 아니라 '오픈 마인드'라는 다소 부드러운 정서적 상태에 놓일 수 있다.

자기 자랑에 대처하는 최고 방법, 경청!

입만 열면 자기 자랑을 일삼는 사람을 만났을 때 대처하는 최고 방법은 '경청'이다. 맞장구를 쳐주는 것도 좋고, 그 비결을 구체적으로 물어보는 것도 좋지만, 상대의 말을 충실히 듣고, 진심으로 관심을 표현하는 것이야말로 상대의 자랑을 더욱 '자랑답게' 만들어줄 수 있기 때문이다. 그런 점에서 내게 도움이 되는 정보, 내가 관심 있는 내용에만 주의를 기울이는 것은 자칫 이기적으로 보일 수 있다. 나아가 이런 자세에서 상대의 호의와 도움을 끌어내기란 절대 쉽지 않다.

DANCE LIKE
NO ONE'S WATCHING
SING LIKE NO ONE'S LISTENING
LOVE LIKE
YOU'LL NEVER BE HURT
PLAY LIKE THERE'S
NO WINNERS
BEHAVE LIKE MOM'S WATCHING
GIVE LIKE YOU HAVE PLENTY
AND SMILE

동기부여를 끌어내는 최적의 방법!
상대 말에 귀 기울이고, 상대의 패턴을 파악하라

타인에게 동기부여 하려는 사람에게 필요한 것이 있다면 바로 '자기 확신'이다. 자기 확신은 '스스로 동기부여 할 수 있는 능력'과 그것을 믿고 '타인에게 동기부여 하는 능력'을 말한다.

한 팀의 리더인 A라는 사람이 있다고 하자. 그는 늘 피곤하고 지쳐 있으며, 자신의 미래조차 확신하지 못하고 있다. 과연 이런 사람이 팀원들에게 제대로 된 동기부여를 할 수 있을까.

●●● 동기부여 원칙 ① : 다루지 못할 사람, 나와 맞지 않은 사람은 없다

사회생활을 하다 보면 '정말 나랑 맞지 않는 사람'이 있다. 스타일은 물론 생각의 방향, 심지어 똑같은 것을 봐도 느끼는 것이 전혀 다르다.

친구들 사이에 이런 사람이 있다면 그다지 문제가 되지 않는다. 어울리지 않으면 되기 때문이다. 그러나 하루에도 수십 번씩 부딪히는 직장이라면 사정이 전혀 다르다. 더욱이 서로 한 팀이거나 상사와 부하 사이라면 도대체 그 사람을 어떻게 컨트롤해야 할지 도저히 감이 잡히지 않을 것이다. 더욱이 그 사람에게 동기부여를 해서 열정을 불러일으켜야 하는 위치에 있다면 상황은 더욱 난감해진다.

과연 어떻게 하면 나와 도저히 맞지 않는 사람, 한없이 까칠하고, 까다로운 상대를 동기부여의 장으로 끌어낼 수 있을까.

가장 먼저 살펴야 할 것은 상대를 생각하거나 바라볼 때 느끼는 '불편함'이다. 내적으로 자신과 맞지 않는 사람이 있다면, 그런데도 그와 함께 뭔가를 도모해야 한다면 분명 마음속에 '불편함'이 자리하고 있기 때문이다. 사람들이 자신과 맞지 않는 사람을 회피하고 친해지려고 노력하지 않는 것 역시 바로 이런 불편함 때문이다. 따라서 이 '불편함에 어떻게 대처하느냐'가 이 문제를 푸는 첫 번째 실마리다.

그렇다면 불편함의 본질은 과연 무엇일까. 생각해 보면 나와 맞지 않는 상대도 분명 자신만의 그룹 속에서 절친한 커뮤니케이션을 하는 사람들이 있다. 또한, 그 역시 부모님에게 효도할 것이며, 부모로부터 극진한 사랑을 받을 것이다.

이렇게 생각하면 자신이 느끼는 불편함의 실체가 비로소 드러난다. 상대라는 존재 자체가 불편한 것이 아니라 그에게 반응하는 나의 자세가 바로 불편했을 뿐이라는 걸.

상대는 아무런 문제가 없다. 그를 잘 알지 못한다는 것, 이해하기가 쉽지 않다는 것이 바로 내가 느끼는 불편함의 본질이자 실체이기 때문이다. 결국, '까칠한 인간, 나와 맞지 않는 인간 = 내가 이해하기 위해 노력하지 않은 인간'인 셈이다.

그것을 해결하는 방법 역시 의외로 간단하다. 상대가 외계에서 온 비정상적인 생명체가 아닌 이상, 그를 이해하면 된다.

이렇듯 우리가 느끼는 불편함과 상대와 마주하고 싶지 않은 거부감은 스스로 노력하지 않았기 때문이다.

"왜 내가 그를 이해해야 해?"라고 물을 수도 있다. 당연히 그것은 개인의 자유지만, 문제는 우리가 사회와 조직의 일원이라는 것이다. 따라서 나의 의지대로 상대를 끌어가려면 반드시 상대를 이해하는 노력이 선행되어야 한다.

그렇다면 나와 맞지 않는 까다로운 상대를 이해하려면 과연 어떻게 해야 할까. 다음 네 가지 질문을 통해 어느 정도 힌트를 얻을 수 있다.

첫째, 무엇을 좋아하고, 싫어하는가?
둘째, 무엇에서 성취감을 느끼고, 좌절감을 느끼는가?
셋째, 곤란한 일을 당했을 때 어떻게 대처하는가?
넷째, 무엇을 통해 열정을 품는가?

　이는 상대를 이해하는 가장 기본적인 질문이자, 상대의 특정 패턴을 파악하는 핵심적인 내용이기도 하다. 상대를 이해하기 어려운 것은 상대의 패턴에 관한 해석이 어렵기 때문이다. 따라서 상대의 패턴을 정확하게 이해하면 더는 상대가 불편하지 않고, 상대에 대한 컨트롤은 물론 동기부여 역시 더 자연스럽게 이뤄질 수 있다.

　무엇을 좋아하고, 싫어하는가?
　이는 개인적인 호불호를 파악해 기본적인 성향을 알아내는 질문으로, 이를 통해 그의 성향을 어느 정도 파악할 수 있다.

　무엇에서 성취감을 느끼고, 좌절감을 느끼는가?
　이는 일을 대하는 기본적인 사고방식을 알기 위한 것이다. 흔히 사람들은 자신의 경력과 밀접한 관련이 있는 일을 하면서 성취감을 느낀다. 그러다 보니 이를 방해하는 일이 생기면 곧잘 불안해하고 화를 내기도 한다. 이에 이를 통해 일에 있어서 마감을 정확하게 지키는 안정성을 추구하는지, 일의 퀄리티를 더 중요하게 생각하는지에 관한 파악이 가능할 뿐만 아니라 그가 가진 패턴 역시 쉽게 알 수 있다.

곤란한 일을 당했을 때 어떻게 대처하는가?

이는 기본적인 정서를 알기 위한 것이다. 이를 통해 무엇이 중요하고 중요하지 않은지에 관한 가치 판단을 드러내기 때문이다.

무엇을 통해 열정을 품는가?

앞선 세 가지 질문을 통해 개인적인 성향을 어느 정도 파악했다면, 이제 어떻게 동기부여 할 것인가를 결정해야 한다.

이렇듯 체계적인 분석을 통해 상대를 파악하면 다루지 못할 사람, 나와 맞지 않는 사람은 거의 없다.

가장 중요한 것은 상대의 이야기를 잘 듣는 것이다. 직장 내에서, 회식에서, 혹은 개인적인 자리에서 상대를 가장 빨리 파악하는 방법은 위 네 가지 기준에 따라 상대의 말을 최대한 경청하는 것이기 때문이다. 하지만 경청에도 나름의 노하우가 있다. 상대에 관한 그 어떤 판단도 해서는 안 되며, 상대 말에 반박이나 개입해서도 안 된다는 것이다. 상대 말에 귀 기울이고, 주도면밀한 탐정처럼 상대의 패턴을 파악하는 것이 동기부여를 끌어내는 최적의 방법이다.

타인에 관한 동기부여 욕구를 지닌 사람이 가장 심각하게 맞닥뜨리는 의문 중 하나는 '나도 남들에게 존경받지 못하는데, 과연 내가 누군가를 동기부여 할 자격이 있는가?'라는 것이다. 그런 점에서 이 질문은 매우 강력한 설득력을 갖고 있다. '도덕적이지 못한 사람이 도덕을 말할 자격이 있는가?', '성공하지 못한 사람이 남들에게 성공을 가르칠 자격이 있는가?'와 같은 질문이기 때문이다.

대부분 사람은 "그렇게 해서는 안 된다"는 답변을 내놓는다. 도덕적이지 못한 사람이 도덕을 말하는 것은 위선이며, 타인의 기대에 대한 배반이기 때문이다. 하지만 동기부여와 관련해서는 조금 다른 시각을 가질 필요가 있다. 동기부여의 궁극적인 목적은 타인을 더욱 강한 열정 상태에 돌입하게 하는 것이지, 본인의 자격을 증명하기 위한 것이 아니기 때문이다. '동기부여 자격'을 엄격하게 따지면 이 세상에 동기부여 할 수 있는 사람은 그리 많지 않을 것이다. 누가 봐도 '성공한 사람'이라는 평가를 받지 않는 이상 그것을 얻기가 쉽지 않기 때문이다.

우리가 하려는 동기부여는 '세상의 인정'과 같은 거대한 담론이 중요한 것이 아니라 사내에서, 혹은 팀 단위에서 프로젝트 성공이라는 단기적인 목표를 염두에 두는 것이다. 예컨대, 전쟁터에서 군사를 이끄는 장군이 "나를 따르라!"고 외친다고 해서 "당신은 과연 나를 따르라고 외칠 자격이 있소?"라고 묻는 것은 우스운 일이다. 설령, 장군이 아닌 일개 병사가 그렇게 외친다고 해도 적과 싸워 이기려는 의지만 있다면 누구나 "나를 따르라!"고 외칠 수 있다. 전쟁의 목표는 승리이지 '나를 따르라고 말할 수 있는 자격'을 따지는 것이 아니다. 마찬가지로 '일에 관한 열정을 가진 사람'이라면 누구나 동기부여 할 자격이 있다. 그가 과거에 성공했건 성공하지 않았건, 인격적으로 완성을 이루었건 이루지 못했건, 그것은 부차적인 문제에 불과하다.

동기부여 자격을 따지는 것이 별 의미 없는 두 번째 이유는 조직의 성과는 모두 함께 만들어가는 것이기 때문이다. 동기부여 하는 상사나 그것을 받아들이는 부하직원의 관계는 누가 누구에게 일방적으로 지시하는 관계가 아니라 서로가 서로에게 영향을 미치고 함께 최종적인 목표를 만들어가는 관계이다. 이런 상태에서는 자격이라는 것이 별 의미가 없다.

의사와 환자의 관계에 이를 비유할 수 있다. 겉으로 보면 의사는 환자의 병을 낫게 하는 전지전능한 사람처럼 보일 수 있지만, 실제 둘의 관계는 협력 관계에 지나지 않는다. 의사는 자신이 가진 의학적 이론과 노하우로 환자의 상태를 파악해 처방하고, 환자는 본인의 의지로 이를 따를 뿐이다. 여기에는 눈에 보이지 않는 환자 개개인의 선천적인 면역력 역시 적지 않은 역할을 한다. 그런 점에서 "의사가 병을 낫게 한다"는 말은 어불성설에 가깝다고 할 수 있다. 의사는 처방하고 약물을 투여하는 사람일 뿐, 실제 병을 낫게 하는 사람은 궁극적으로 환자 자신이기 때문이다.

동기부여 역시 같은 맥락을 갖고 있다. 동기부여 하는 사람이 몇 마디 한다고 해서 상대가 개과천선해서 하루아침에 바뀌지는 않기 때문이다. 단지 조직의 관점에서, 자신이 이뤄야 하는 궁극적인 목표라는 관점에서 상대에게 필요한 조치를 하는 것일 뿐이다. 결국, 그것을 받아들여 내적인 변화를 끌어내고, 그 변화를 통해 최종적인 동기부여를 하는 사람은 자기 자신이다. 바로 이것이 "과연 내가 동기부여 할 자격이 있는가?"라는 질문에 관한 답이다.

앞서 이야기했듯이, 동기부여의 유일한 자격은 동기부여가 필요하다는 인식, 주어진 일을 반드시 함께 이뤄 나가겠다는 의지일 뿐이다. 이 연장선상에서 무엇보다 중요하게 염두에 두어야 할 것은 '의지와 자세는 전염성이 있다'는 것이다. 수많은 동기부여 연구자가 조사한 바에 의하면, CEO의 목표에 관한 의지가 강할수록 그 결과 역시 좋았다. 마찬가지로 동기부여 하겠다는 의지와 열정을 품었다면 자신을 더욱 강하게 만들어야 한다. 그래야만 더 강하게 동기부여 할 수 있기 때문이다.

때로는 상대가 내 의지대로 움직이지 않을 수도 있다. 그 결과, 동기부여에 관한 자신감을 잃은 나머지 애초 계획대로 동기부여 하지 못하는 경우가 많다. 이는 일종의 패러독스를 내포하고 있다.

위대한 기업을 이룬 리더들에 관해 연구했던 수많은 연구자에 의하면, 일반적인 논리로는 그들의 성공비결을 도저히 설명할 수 없다고 한다. 그들 역시 처음에는 그렇게 성공할 것이라는 확신이 없었기 때문이다. 하지만 점점 성공을 확신하고, 확신에 찬 것처럼 행동했다. 그 결과, 진짜 확신이 생겼고, 모두가 부러워하는 기업을 만들어냈다. 이렇듯 확신은 수많은 장애물을 뛰어넘어 무(無)에서 유(有)를 창조하는 큰 힘이 된다. 만일 그들이 "나는 확신이 없다"에만 머물러 있었다면 과연 어떻게 되었을까. 위대한 기업도, 그들도 없었을 것이다.

세상 모든 일에는 마인드와 현실 사이의 패러독스가 존재한다. 강한 마인드를 가지면 현실을 뚫고 나갈 강한 힘이 생기지만, 그렇지 않으면 그 어떤 장애도 넘을 수 없다. 여러 실험을 통해 이 사실이 입증되었다.

동기부여 연구자인 미국 로체스터 대학 에드워드 데시^{Edward Deci} 박사는 2002년 미국 뉴욕에서 '누가 농구공을 더 오랫동안 잘 드리블하는지' 실험하였다. 이를 위해 학생들을 세 그룹으로 분류한 후, 첫 번째 그룹에는 프로선수들의 드리블 비법을 담은 비디오를 보여주었다. 두 번째 그룹에는 어떻게 하면 '잘못된 드리블을 하지 않는지'를 알려주는 비디오를 보여주었고, 세 번째 그룹에는 비디오에 나오는 학생들의 드리블을 평가하는 역할, 어떻게 하면 드리블을 잘할 수 있는지 직접 시도하게 하는 역할에 관한 비디오를 보여주었다. 물론 애초에 세 그룹의 드리블 실력은 거의 차이가 없었다. 그렇다면 실제 결과는 과연 어땠을까.

첫 번째와 세 번째 그룹이 우수한 드리블 실력을 보인 데 비해 두 번째 그룹은 한층 실력이 떨어졌다.

이 결과는 매우 의미심장하다. 상대에게 '어떤 메시지를 주입하느냐'에 따라 결과가 달랐기 때문이다. 첫 번째와 세 번째 그룹에는 '드리블을 잘하는 방법'에 관한 메시지를 주었고, 두 번째 그룹에는 '어떻게 하면 잘못된 드리블을 피할 수 있는지에 관한 방법'을 메시지로 주었다. 본질적인 면에서 두 메시지에 큰 차이는 없다. 다만, 포커스를 어디에 맞추고 있느냐는 차이가 있을 뿐이다. 전자의 경우 '성공'에 초점을 맞추고 있지만, 후자는 '실패의 회피'에 초점을 맞추고 있다. 비단 그 차이일 뿐이다.

자신감은 결국 '마인드 문제'로 귀결된다. 나 자신이 바뀌면 많은 것이 바뀌고, 그렇지 않으면 이 세상은 털끝만큼도 바뀌지 않는 것이다.

'감정조절' 역시 동기부여에서 매우 중요하다. 불평불만을 품은 상대에게 감정적으로 대응하면 결국 남는 것은 충돌과 싸움밖에 없다. 그렇게 되면 동기부여 역시 수포로 돌아갈 수밖에 없다. 이는 단순히 타인에 관한 동기부여와 관련된 이야기만은 아니다. 감정 조절은 인생을 바꾸는 매우 중요한 능력이기 때문이다.

미국 예일대와 캐나다 토론토대 연구자들이 《포천Fortune》지에서 선정한 500대 보험 회사 직원들의 감성지수(EQ)를 조사한 적이 있다. 그 결과, 감성지수가 높은 사람들이 그렇지 않은 사람보다 인간관계, 일하는 자세, 실천력 등에서 월등히 높은 점수를 받았을 뿐만 아니라 연봉 역시 훨씬 더 높았다.

이는 감정을 조절하는 것이 삶에 있어서 얼마나 중요한지 보여준다. 따라서 동기부여에 있어 타인의 반응에 휘둘리지 않을지 걱정된다면 자기 확신을 통해 반드시 이를 극복해야 한다.

이 책은 각각의 상황과 특정한 조건에서 상대를 설득하고 동기부여하는 방법을 매우 구체적으로 소개하고 있다. 특히 이제까지 출간된 대화법에 관한 책들과는 달리, 실질적인 대화 스킬과 실제 사례를 통해 동기부여 원리를 매우 효과적으로 제시하고 있다. 이는 수많은 CEO 및 직장인과의 인터뷰를 통해 얻은 취재의 결과물이기도 하다. 이에 현재 기업에서 이뤄지고 있는 의사소통 방식과 동기부여의 실질적인 효과에 관한 내용이 고스란히 담겨 있으며, 성공한 CEO와 직장인들의 커뮤니케이션 기법이 핵심적으로 압축되어 있다.

본문을 읽기 전에 '동기부여의 6가지 핵심 원리'와 '동기부여의 핵심, 칭찬! 무엇을, 어떻게 칭찬해야 할까'를 읽고 숙지하면 구체적인 소통 스킬과 노하우를 익히는 데 있어 적지 않은 도움이 될 것이다. 또한, 각 장에 서술된 대화의 경우 실제 생활에서 얼마든지 응용할 수 있으므로 소통에 어려움을 겪고 있다면 옆에 두고 항상 참고하면 적지 않은 도움이 될 것이다.

이 책이 부디 인간관계의 수준 높은 발전은 물론 지금보다 더 나은 삶으로 나아가기 위한 좋은 지침이 되었으면 한다.

잠재된 욕구에 불꽃을 튀게 하는 촌철살인의 말

말만 들어도 힘이 나네요

초판 1쇄 인쇄 2018년 3월 12일
초판 1쇄 발행 2018년 3월 19일

지은이 이남훈
발행인 임채성
디자인 산타클로스

펴낸곳 홍재
주 소 서울시 양천구 목동동로 233-1, 1010호(목동, 현대드림타워)
전 화 070-4121-6304　　　　　**팩 스** 02)332-6306
메 일 hongjaeeditor@naver.com
블로그 http://blog.naver.com/hongjae_books

출판등록 2017년 10월 30일(신고번호 제 2017 - 000064호)

종이책 ISBN 979-11-962272-2-7　13320
전자책 ISBN 979-11-962272-3-4　15320

저작권자 ⓒ 2018 이남훈
COPYRIGHT ⓒ 2018 by Nam Hun Lee
이 도서의 국립중앙도서관 출판시도서목록(CIP)은 서지정보유통지원시스템 홈페이지(http://seoji.nl.go.kr)와
국가자료공동목록시스템(http://www.nl.go.kr/kolisnet)에서 이용하실 수 있습니다.
(CIP제어번호: CIP 2018003554)

홍재는 조선 제22대 왕인 정조대왕의 호로 백성들을 위해 인정을 베풀겠다는 큰 뜻을 담고 있습니다.
도서출판 홍재는 그 뜻을 좇아 많은 사람에게 도움이 되는 책을 출간하는 것을 목표로 하고 있습니다.
책으로 출간했으면 하는 아이디어와 원고가 있다면 주저하지 말고 홍재의 문을 두드리세요.

hongjaeeditor@naver.com